U0827558

你一定爱读的极简澳大利亚史

[澳]约翰·赫斯特 著
孙菲 译

Australian History in 7 Questions

John Hirst

广西师范大学出版社
• 桂林 •

CONTENTS

目录

引　言

我知道很多人认为澳大利亚历史很无趣，说了开头就知道结尾。大家上学时已经学过太多澳大利亚史，如果成年后仍然对历史感兴趣的话，他们就会轻轻松松地去看英国广播公司播出的《都铎王朝》(*The Tudors*)，读西蒙·沙玛[①](Simon Schama)、尼尔·弗格森[②](Niall Ferguson)或是贾雷德·戴蒙德[③](Jared Diamond)的作品。

---

① 西蒙·沙玛(1945—)，英国历史学家，主要研究艺术史、荷兰历史及法国历史。——译者注

② 尼尔·弗格森(1964—)，英国最著名的历史学家之一，牛津大学耶稣学院高级研究员、斯坦福大学胡佛研究所高级研究员。——译者注

③ 贾雷德·戴蒙德(1937—)，美国演化生物学家、生理学家、生物地理学家以及非虚构类作家，获 1998 年美国普利策奖和英国皇家学会科普图书奖。——译者注

墨尔本老年大学(University of the Third Age① in Melbourne)的一个分校请我讲澳大利亚历史时,我知道自己面临着怎样的挑战。我曾给几个分校讲过欧洲史,按照高校课堂的讲义进行授课,反响不错,后来我把这些内容整理成书稿,起名《你一定爱读的极简欧洲史》(*The Shortest History of Europe*)。讲澳大利亚历史,我也能按这个路子来吗?我讲了四次课,课程的名字叫“澳大利亚史中的四个问题”。如果说澳大利亚史中真的有值得探讨的问题,那么确实有些东西需要我们苦心思考。讲解澳大利亚历史,不再说了开头,便知结尾,所以也变得有趣起来。这几次课也很受欢迎,于是我受到鼓舞,又加了几个问题,并用这种方式写成一本书。

此前,我曾考虑怎样才能最好地将欧洲历史呈现出来,最后,我也是通过这种方式达到了目的。在讲这两门课时,我都避开了直截了当的叙述方式,而是选用了从主题角度去呈现的办法。叙述可以让历史读起来通顺流畅,但无法解答一些问题,如“为什么这个社会与众不同”以及“为什么它的历史这样发展”。

这本书提出问题并给出答案,各个部分可以分开来

---

① the third age,指50岁以上,将要退休或已退休的年纪。——译者注

读。放在一起的话,我希望它们能够提供一种可与正统历史相媲美,甚至更优秀的澳大利亚社会的指南。毫无疑问,这本书比其他书要短小许多。

我要感谢老年大学这所优秀的办学机构,是他们让我走上这条道路。还要感谢洛特·马利根(Lotte Mulligan),她是我在拉筹伯大学(La Trobe University)工作时的同事,现在在老年大学斯托宁顿(Stonnington)分校做学院领导,开启了新的学术生活。她非常支持我的事业,也是促成这本书的重要人物之一。

问题1对于我来说是一个全新领域,我要感谢这一领域的专家、澳大利亚国立大学(Australian National University)的彼得·贝尔伍德(Peter Bellwood)教授,他帮助我审阅、修改了这一章。同样在澳大利亚国立大学工作的安·麦格拉思(Ann McGrath)教授曾经是我的学生,关于北部地方(Northern Territory)的土著生活问题,她为我提供了很多参考。我同格雷姆·戴维森(Graeme Davison)教授讨论过詹姆斯·贝利奇(James Belich)的书里关于盎格鲁世界的内容,他很友善,帮我审读了第三章。

约翰·赫斯特

2013年12月

问题 1

为什么土著居民没有成为农民？

起初，所有人类都靠狩猎和采集为生。大约在公元前1万年时，农业在世界少数地区各自发展起来。而后，农业发展到世界各地，当然也发展到距澳大利亚近在咫尺的地方，但在原始时期，澳大利亚的农业没有发展起来，土著居民一直都是靠狩猎和采集生活。

新几内亚（New Guinea）的高原地区也发展农业，但分布范围并不广泛，甚至没有遍布整个岛。中国也是农业发祥地之一，且将农业向南传到菲律宾，并从那里向西传到印度尼西亚，向东传至太平洋。所以帝汶岛、新几内亚、所罗门群岛、瓦努阿图以及斐济群岛都有农田和种植园分布，人们过着稳定的乡村生活。现在，澳大利亚人称地球的这一部分为“弧形不稳定地区”(arc of instability)。史前时期,这些地方生活稳定,而澳大利亚的土著居民则一直是游牧民族。

托雷斯海峡(Torres Strait)位于澳大利亚和新几内亚之间,种植园在该海峡内的小岛上得到发展,离澳大利亚已经非常近了。这里的居民和这一地区的其他农民一样,都是美拉尼西亚(Melanesia)人,但他们大多数讲澳大利亚土著语言。这也就表明,约克角(Cape York)的土著人同托雷斯海峡的农民联系紧密,应该说是非常紧密,后人甚至在约克角附近发现了美拉尼西亚人的毛绒卷发。

约克角的土著居民同托雷斯海峡的岛民进行贸易往来,他们同时也是彼此对抗的敌人。岛民杀死土著居民,去新几内亚用死者的头颅换来边架艇独木舟①。土著居民转而从岛民手中购买独木舟,因澳大利亚其他地方大多使用白桦舟,所以这样一来,他们就有了更高级的船只。土著人沿袭了岛民的一些习俗,如在仪式中敲鼓,把死者尸体放在祭台上,岛民则从土著居民那里学会了投掷标枪。

土著居民在这些交易活动中习得了有关农业以及作物的知识,但他们没有成为农民。有人说原因在于澳大利

① 在独木舟的一边或两边做一浮架,使其不易倾覆。——译者注

亚的土壤、气候及植被不适合农业发展，但这一论点并不适用于约克角地区，因为那里的土壤和气候同岛上一样，居住在约克角的妇女挖出来的番薯也和栽种在托雷斯海峡种植园里的一样。约克角的椰子树是野生的，而岛上是人工栽种的。

大约从公元1700年开始，在阿纳姆地区(Arnhem Land)和金伯利地区(Kimberleys)生活的土著居民就接触到水稻了，这种水稻是一种标准农作物，原产于中国。印度尼西亚苏拉威西岛上的望加锡人每年都来澳大利亚海岸采集海参，当作食物卖给中国。他们住在澳大利亚时，把大米带来，以大米为食，并供应给土著居民，因为他们希望在对方领土上安营扎寨期间同对方和谐相处。土著居民很喜欢米饭，在非生产季节，同望加锡人一起回到苏拉威西岛的土著居民还看到了土地里种植的水稻，但土著居民并没有亲自去种植，事实上他们完全是可以种的。殖民地时期，中国人就在北部地方(Northern Territory)种植水稻了。

关于为何土著居民没有发展出农业，来到澳大利亚的欧洲人对此给出了一个十分浅显的解释：他们是个落后的民族。按照欧洲人的理解，人类进步的标志应该是从打猎、采集进化到畜牧业，然后发展农业，再到贸易，最终发展制造业。19 世纪时,种族主义思想愈演愈烈,所以在欧洲人眼中,土著居民变得低人一等。他们被打上了天生低能、无法提高的种族标签,而不是或许还能进步的落后民族。虽然我们已经不再谈种族差异,但有些人仍然会忍不住地把土著居民想成落后民族,因为我们置身的文明是农业发展的结果,是农业使一切成为可能。在过去大约五十年的时间里,人类学家和考古学家一直在收集各种证据来反驳这种观点。

你认为土著居民很落后?看看他们在墨累河(Murray River)捕鸭子的情景吧。他们跨过河,贴近水面拉起一张大网,去稍远处搅起在河上吃草的鸭子。鸭子朝着网沿河飞过来,如果飞得过高,一位捕手就会朝它们扔去一块圆形树皮,吹起鹰鸣一般尖锐的口哨声,于是鸭子就会冲下来,飞进网里。探险家托马斯·米切尔(Thomas Mitchell)研究过这种网,称其纤维质量及编织工艺绝不亚于英国产的任何一张网。

你认为土著居民不能进步?就在东南亚的农业兴起时(4 500 年前至 3 500 年前),土著居民开始以一种更加集中的方式利用资源,所以他们养活了更多人口,这同发展农业带来的结果别无二致。关于这一变化,考古学家为我们提供了很多信息。比如,他们发现这一时期的营地数量猛增，且有迹象表明，更多的人开始住在营地；另外，餐食中出现新的食物种类，用贝壳做鱼钩等新技术也涌现出来；人们第一次开发近海岛屿，最惊人的是一些地方建起了房屋，生活趋向稳定。规模最大的定居点位于维多利亚州（Victoria）西部的康达湖（Lake Condah）区域，土著人在那里建起砖房，还在房子旁边修建起用于诱捕、储存鳝鱼的水渠网。

如果说农业是检验发展水平的标准，其实在大陆内部，土著人也实践了类似农业的活动。他们之所以能够在条件如此恶劣的土地上生活，是因为学会了收割当地的野草大柄苹。他们将草割下，堆成草垛，晾干。托马斯·米切尔说，这场景很像英国的干草地。土著人把大柄苹的种子从茎中敲出来，吹掉皮壳，在磨石上把种子磨成面粉，然后把面粉放在柴火灰里烤成蛋糕。探险家伯克（Burke）和威尔斯（Wills）在库珀河（Coopers Creek）遇难前，就将大柄苹的种子磨成面粉，以此充饥，这正是他们从土著居民那里学到的方法。

考古学家里斯·琼斯（Rhys Jones）创造出的“火棍耕作”（firestick farming）这个说法有力地推动了我们对土著居民生活方式的思考。土著居民经常在土地上放火，如此一来，土地变得空旷，新草萌生，吸引来袋鼠等许多动物。

英国人看到这片土地如此空旷，总是很诧异，因为这里树木零星散落，没有林下灌木丛，看上去就像是英国绅士的私人花园，一片人工景象。是土著居民把澳大利亚一手打造成如此模样，因此英国人才能方便地用来养牛养羊。

当然，焚烧土地算不上精耕细作，但历史学家比尔·甘米奇（Bill Gammage）在最近出版的一本重要著作《地球上最大的庄园》（*The Biggest Estate on Earth*）中提出，土著人不是简简单单地点燃草地，他们还对火进行了微观管理，让土地形成各种环境，以适应他们的种植和放牧需求。已经有人提出反对他的观点，认为这一观点忽略了土著人放火时的粗心大意。他们从不熄灭篝火，而且，想让火棍上的火苗变大时，他们就会把火棍放在干草上，等得到理想的火苗后，就任凭草地燃烧，放任不理。

甘米奇还认为，土著居民对待植物的方法就应该被叫作务农。那些大片的天然牧草地一定除过杂草，甘薯地得到有效保存，甘薯顶端经过移植得以再生。但土著居民从未通过细心培养或重新播种来栽培某种植物，而这才是农业的真谛。

尽管甘米奇希望坚称土著居民从事了农业生产，但他还是做出了重要让步："1788 年（及之前），人们从事了农业生产，但他们不是农民。"农民需要固定的生活，而土著居民乐于四处迁徙，以此来同各个角落的土地建立起紧密联系，因为这对于他们来说有着神圣的意义。他们没有在任何地方永久性地定居，因此英国人坚信土著居民处于人类发展的最低水平。1770 年，库克船长（Captain Cook）登陆植物湾（Botany Bay），映入他眼帘的只有用未加工的树皮搭成的小屋，以及不在土地上耕作的游牧民族。如果他见到了康达湖边那样的砖房，英国政府就不会如此自信地认为，他们无须从土著居民手中购买土地来当作自己的罪犯流放地，也不会认为他们无须同土著居民签订合约。他们曾同美国印第安人签订了合约，也愿意同新西兰毛利人签订合约，在考虑把非洲用作罪犯流放地时，他们制定的计划也包括从当地人手中购置土地。

1992 年，澳大利亚高等法院（Australian High Court）在马博一案中推翻了长达两百年之久的法律规定，判决原住民土地权适用于澳大利亚。如土地已出售或租赁，则不再享有原住民土地权，但如果土著居民能够证明他们从过去至今一直隶属于这片土地，他们就享有原住民土地权。致使高等法院颁布此规定的案件并不涉及大陆的土著居民——埃迪·马博（Eddie Mabo）等原告在托雷斯海峡上的墨累岛（Murray Island）拥有种植园，这里是后来才被划为澳大利亚领土的。

1879年，英国政府宣布托雷斯海峡内的岛屿归其所有，成为昆士兰州（Queensland）的一部分。1901年，联邦政府成立，这些岛屿被划归澳大利亚。英国政府关心的是海峡地区的安全及违法问题，并不是巩固那里的欧洲殖民。种植园主们仍居住在自己土地范围内，墨累岛上的地方法院按照传统惯例来解决有关土地所有权的纷争。负责马博一案的律师团队在一幢废弃不用的小屋里发现了一些以前的法院记录，很是高兴。

本案中，种植园主享有土地的传统使用权，他们的理由十分充分，但大陆上狩猎者和采集者对土地的所有及使用情况则全然不同。那些递交该案的开明律师的目的是在整个澳大利亚实行原住民土地权。后来，他们开始担心这个案件是否天衣无缝：如果法院宣布岛上实行原住民土地权，而大陆上不实行，该怎么办？

其实，他们并不需要担心。高等法院希望做出里程碑式的裁决，并驳回了土著居民的土地权利依据其发展阶段而定这种观点，无论他们在这片土地上游猎还是种植。该观点提出于1788年，在现代的澳大利亚则完全不被接受。法院规定，如果土著居民正居住在某处，无论他们的生活方式怎样，他们都对这片土地拥有原住民土地权。法院没有宣布埃迪·马博对其土地有所有权，但这没有关系，因为他们宣布墨累人拥有墨累岛的所有权。

英国政府宣称享有澳大利亚主权，对这一点，法院没有质疑；我们的法律有漏洞，因为法律规定，拥有主权就意味着政府是所有土地的所有者，也就是说，政府无须经土著居民同意即可出售土地。法院的做法为澳大利亚的发展前景提供了另一种可能，即政府使用或出售土地前，应该征求土著居民的意见。许多心怀好意的人像最高法院的法官一样，都认为如果英国政府同土著人签订协议的话，他们同土著居民的关系就会全然不同。

然而，同定居民族签订协议要比同狩猎采集者签协议容易得多。土著居民没有可以与之谈判的最高首领，他们也不认为自己的土地可以出售。他们与土地紧密相连：他们属于土地，而非土地属于他们。但他们也认为，可以允许其他人为了某一目的临时使用他们的土地。

土著人曾签订过一次条约，他们可能认为对方只是临时使用土地。此条约由塔斯马尼亚（Tasmania）的自由冒险者约翰·巴特曼（John Batman）一行人于 1835 年提出，他们希望在菲利普港湾（Port Phillip），也就是现在的维多利亚港（Victoria）养羊。条约签订地点位于现在的墨尔本北部某地。拥有了如此辽阔的土地，作为回报，巴特曼承诺为土著居民提供一年所需的毛毯、刀具、战斧、衣物、镜子、剪刀以及面粉。英国政府不承认该条约,因为不希望殖民发展到这一区域,并宣称对该土地享有唯一处置权。但牧民仍然不断地来到此地,并且没有签订任何条约。

巴特曼和其他牧民先锋一样,绝不是想要暂时使用土地养殖牲畜。即便是可以同土著居民达成某些协议,导致纷争的重要因素依然存在:土著居民认为欧洲人应该和他们分享其丰富的物产,所以可能会"偷"羊,同土著女子发生了性关系的欧洲人(土著女子经常会被献给他们)不会意识到,自己的行为后果是要对这些女子的家族负责。

对于土著民族来讲,让入侵者与之签订协议的最有效方法就是成功抵抗他们的入侵。只有常规军事单位才能制服新西兰的毛利人和美国的印第安人,然而澳大利亚的狩猎采集者并不具备这样的防御实力。

日复一日,土著居民过着小规模集群生活,很少聚成大规模集群。澳大利亚共有 500 多个部落,他们讲着不同的语言,经常敌视彼此。土著居民是战士,但他们的战争更像是突袭战。在战场上长时间大规模作战不是他们的作战方式,也远远超出他们的能力范围。他们因为女人而战,因为邻居对他们施行的巫术而战,但没有为领土而战过。过了一段时间,他们才意识到欧洲人想要从他们手中夺走土地。

起初，土著居民要么躲着欧洲人，要么试着把他们同化，纳入自己的社会。他们之所以使用暴力，目的不是击退入侵者，而是让他们行为得体。当意识到欧洲人的真实想法时，他们通常要么受不了入侵者的数量，要么因入侵者们带来的疾病而备受折磨。他们选择对抗时，却被一群殖民者、骑警分遣队及当地警方控制，这些警察常驻在反抗最为激烈的昆士兰州。当地警方是从外地招募的土著居民，他们热衷于屠杀非本族的土著人。政府还出动少量士兵对付土著居民，但没有动用军队，而且土著居民的反抗一直不激烈，所以政府从没有考虑过要和他们签订条约。

自 1788 年以来，土著居民一直是靠狩猎采集生活的，现在看来，这段历史十分平淡，意义不大。他们没有签订条约，狩猎场受到畜牧业入侵，土著居民没有强烈反抗。那么，为什么土著居民始终是靠狩猎和采集来生存的呢？我们继续来回答这个开篇之问。

*

当农业摆在面前时，澳大利亚土著居民对农业的鄙视并非不同寻常：全世界大多数狩猎和采集者族群都倾向于保持原有生活状态不变。农业之所以能够得到传播，原因之一是第一批农民迁移至狩猎和采集者的领地后，要么把狩猎和采集者赶走，将他们边缘化，要么强行使其加入农民行列。随着北部地区南岛民族（Austronesian people）的扩张，农业也传播到了澳大利亚北部的岛屿圈（虽然新几内亚不包括在内）。如今，一片巨大范围内的所有民族——从位于非洲海岸的马达加斯加岛到印度尼西亚及太平洋上的岛屿——都使用相关语言（南岛语），因为他们是同一务农民族的后代。

但在世界上的其他地方，就很难把农业的发展归结于农民的到来了——或者，至少很难归结于他们庞大的数量。狩猎民族通过某种方式逐渐改为务农，但并没有从一开始就放弃打猎。农业的发展究竟多大程度上取决于农民的迁移，多大程度上取决于某种潜移默化的影响，可以说在史前学家中引发了很大的争议。但没有一个人认为，完整的狩猎和采集社会能立刻认为农业是更优越的生活方式，从而快速转向农业。

首先，农业并没有明显的优越之处。狩猎者和采集者都可以过得很好。杰弗里·布莱尼（Geoffrey Blainey）说过，欧洲人来到澳大利亚时，土著居民的生活水平或许比欧洲农民的还要高。他们每天工作几个小时便可以获得充足的食物，所以有足够的时间来举行宗教仪式、彼此联络或是进行娱乐活动。布莱尼称土著居民为“富足的游牧民”。农民则需要花更多时间去劳作，工作也更为辛苦。并且，土地所有人和劳作者之间很快就会产生社会分化。

农业的传播在土著人那里受到重重阻碍，如今这一点备受学者们重视，也正是这一点使得土著居民最初向农业的转变让人十分费解。狩猎和采集者同亲友共同分享食物和资源，如果某个农民及其家人要去从事种植、采摘、储存粮食等活动，那么他们的公共关系就会被打破或是削弱。即便是在当代的澳大利亚，传统土著居民间的这种关系依然十分紧密，但这也是个人事业发展的障碍。如果你的收入要分给亲戚们，那么去找工作或是创业还有什么意义呢？那些画作能卖到天价的土著艺术家们也没有成为富翁，因为他们把全部收入都捐赠了出去，然后像其他社会成员一样依靠救济金或抚恤金生活。

我们不能简单地把狩猎向耕种的转变看作一种食物获取方式向另一种方式的转变。狩猎和采集者们赖以生存的动植物同他们所在的社会及宗教生活息息相关。在土著社会，人不能吃掉自己的图腾（比如袋鼠），并且有责任举行仪式以祈祷其数量的增加。有些食物是妇女和儿童不能食用的，有些食物只能在特殊场合下食用。虽然土著居民会食用动植物，但他们尊重那些动植物，把它们当作自己所在的精神世界中的一部分。

如今有些人希望土著人的卫生水平能够得以改善，但令这些人失望的是，土著居民绝不会杀掉在他们的营地和定居点内大量繁殖的狗，因为他们认为自己无权决定狗的生死。20 世纪 60 年代，北部地方的古林德基人[1](Gurindji people)为了反对奶牛公司维斯蒂公司(Vesteys)的所作所为，曾举行过一场著名的大罢工。工厂里牛饮水的水槽由风车来引水，罢工的白人组织者命令土著工人破坏风车，让其停止工作。但土著人一直拖延着没有执行，因为他们的领导者文森特・林吉阿里(Vincent Lingiari)说："我们不能让牛渴死。贝斯蒂[2](Bestey)的大老板们听不见牛渴死时的哀嚎，但我们能听见。"

耕耘成就了与众不同的体制：人类开始主宰自然，而不是归属于自然。自此，意识与文化也发生了天翻地覆的变化。在身为农业先锋的狩猎和采集者中怎能发生这样的变化呢？究竟是他们从事农业活动后产生了这样的变化，还是这样的变化促使了他们从事农业活动？或许以上两种情况都存在。这也是人们热议的话题——或

① 澳大利亚中北部的一个土著民族。——译者注
② 此处为文森特・林吉阿里对公司名的误读。——译者注

许不如说是不停猜测的话题，因为我们几乎无据可考。

格雷姆·巴克(Graeme Barker)是这一领域的顶级专家，针对他人提出的关于过去人们转向农业生产的解释，他绘制了一张表格，共列出了 39 种原因。其中一些解释有些古怪，比如外国人入境；有一些则互相矛盾，如土地肥沃(打破了共享伦理模式)与土地贫瘠(迫使人们去寻找更多食物)；有些解释既可以说是原因，也可以称之为结果(如人口增长)；有些解释从本质上来讲应是先决条件，而不是原因，如气候变化(最后一个冰河时期结束后天气变暖，因此才可以耕种作物)，或是猎人不像以前那样愿意活动了(于是需要土地上的食物)。

巴克教授的汇总单

人们提出的从觅食过渡到种田的一些原因：

外国人到来	自然栖息地
大人物	自然选择
广泛适应	营养压力
划界	绿洲
气候变化	植物迁移
竞争	人口增长
沙漠化	人口压力

传播
驯养可能性
能量学
精通
脂肪摄入
享乐
天赋
荷尔蒙
智力
家庭菜园的种植
土地所有权
土地贫瘠
多种因素
随机的基因转变
资源集中
资源压力
土地肥沃
宗教仪式
日程冲突
殖民
储存
技术创新
水资源获取
仇外
动物的多样性

既然我们普遍承认是精神和社会的纽带将狩猎和采集者同他们的食物获取方式联结在一起，那么以上解释就需要做出修改。例如，说狩猎者因为食物短缺而开始种草，后来发展为种小麦和大麦，这种说法完全不具有说服力。狩猎和采集者的确对环境做出了相应反应，进行了合理的考虑，但他们的精神世界与我们的大相径庭。

有一种解释是这样的：狩猎和采集者认为自己因收走野

草中的谷物——收获了谷神——而触怒了众神，因此他们开始除草，选择上等的种子来耕种。这一观点和土著妇女摘除上好的甘薯时所持的世界观相近，因为她们认为如果不贡献出上好的甘薯，甘薯神就会恼怒，让土地上再也长不出甘薯。如果再给她们一些时间，让她们处于不同的环境之中，有着这种思维模式的土著妇女或许就会更有计划性地种植甘薯。

如果狩猎和采集者的默认立场就是保持身份不变，那么针对这个问题，我们就可以给出这样一个答案：没有外界干扰迫使土著居民选择不同的生活方式——仅仅见识到农业当然不足以让他们去从事农业，农民先锋也没有来到这里，强迫他们改变生活方式。南岛族人似乎曾踏上澳大利亚国土，是他们带来了澳洲野犬，这是较晚引进的一个品种，最早的土著居民没有这种犬。不过，他们虽然是了不起的殖民者，但还是把澳大利亚撇下了。我们经常解释为什么荷兰的西海岸发现者没有计划在澳大利亚殖民（他们看到的是无利可图的不毛之地），其实南岛族人对这片大陆也不感兴趣，这一点同样重要。

*

在这里殖民的英国人是农业学家，当他们想要教化土著居民并让他们皈依基督教，让土著居民学会务农就成为当务之急，因为这样会迫使他们在某地扎根。英国人认为，这是让他们进步的第一步，十分重要。

麦夸里（Macquarie）总督[①]于19世纪初下定决心，要把土著居民变成农民。但执行这项计划的传教士们最后都失败了，后期在澳大利亚南部地区的传教殖民也收效甚微。如果想让土著居民对定居产生丝毫的兴趣，传教士们就必须给他们提供定量配给。那时，土著居民本打算自己种植粮食，但耕作艰苦，时间固定，耗费精力，他们提不起兴趣。如果因为土著居民不劳作，传教士便停止分发粮食配给，这些土著居民便会去其他地方获取食物，要么向白人乞讨（这对于他们来说毫无羞耻可言，因为白人十分富足），要么做些短工，再者就是像从前一样去打猎和采集。其后果就是传教士身边剩下的永久性居民就只是些孩子，只有在分发粮食配给时才能见到大人。他们很快认为，影响孩子是他们成功的唯一希望。

土著居民之所以排斥农业，原因不仅仅是耕作辛苦。他们很快就明白了农业耕作的社会形式：辛苦耕作的人被

---

① 澳大利亚新南威尔士殖民地总督，1809年至1821年在任，苏格兰人。——译者注

人瞧不起，收成却归那些拥有土地的绅士们。正如许多观察家所说，当这些半裸或全裸的“野蛮人”用欧洲术语进行自我评价时，他们认为自己就是绅士——大致来说，就是悠闲之人。在位于悉尼西部的土著定居点布莱克敦(Blacktown)，殖民者们为土著居民中的农民建起六个村落，但村子里基本空无一人。令管理委员会震惊的是，土著居民竟要求允许罪犯来替他们从事农活！显然管理委员会认为这种要求荒唐离谱。希望把土著居民引向欧洲社会发展模式的人认为他们必须辛勤劳动，成为社会底层。

任何一个促进计划实施起来都会遇到同一个困难，那就是土著居民完全不希望按照富足的欧洲人的方式生活。与大西洋附近的土著人不同，澳大利亚的土著居民不羡慕欧洲人的财产。因为欲望少，这些人就不会去做自己不喜欢的工作，这让传教士十分失望。观察家库克船长则同他们产生了许多共鸣：

> 有些人根据我对新荷兰(New Holland)本地人的描述断定，他们似乎是地球上最可怜的人。但事实上，他们要比我们欧洲人幸福得多；他们不仅完全不了解奢侈，而且完全不了解欧洲力求的便利，不仅不了解，他们还对自己现有的生活

甘之如饴。他们的生活平静如水，不因条件不平等而困扰；大地与海洋自然而然地就为他们提供了一切生活必需品。

后来，其他选择越来越少，传教士的管理权限扩大，于是农业在教区殖民地正式发展起来。在教区以外的地方，第二代混血儿以及后代开始从事农业生产，有时还要求从该项计划中分得利益，以求获得小块农地，但从未取得成功。按照传统方式生活的土著居民仍然不喜欢务农，一旦有机会就会逃避。20 世纪 70 年代，传教士和政府官员撤出，北方的种植园便沦为废墟。有一位人类学家专门研究 20 世纪 70 年代约克角旧教区的人，这位人类学家发现，乐于维持种植园发展的人数量不多，并且都是外地人，包括美拉尼西亚人和托雷斯海峡内的岛民。土著居民说："这种生活方式适合其他人，但不适合我们。"

那些在澳大利亚希望土著居民成为农民、进而取得"进步"的英国人自己就"退步"了。事实表明，最好的赚钱方式不是农业，而是畜牧业。这片土地没有长满粮食，却有无数的牛羊，它们在土著居民的狩猎场上吃草生长。

大陆边境的暴力事件结束后（塔斯马尼亚岛没有发生暴力事件），土著居民还是在曾经居住的区域或附近生活。

他们的数量大大减少，但死亡的更主要原因是疾病，而非暴力。过了很长一段时间，他们的活动才受到管控，被迫搬到教区或是定居点，并被要求一直在那里生活。在一个没有篱笆、没有人工路、定居点稀少的国家内，有着广阔的地域可以让他们安营扎寨，做好自己的事。牧民们曾为了土地与他们发生冲突，现在则希望雇用他们。比起成为农民，土著居民更愿意成为牧民。他们同动物有很多心灵相通之处，能够很快习得动物的习性，精心照料它们，当不得已要捕捉动物时能够寻得它们的踪迹。从事养牛工作的饲养员需要骑马，所以土著居民成了专业骑手。

在靠近海岸线的富饶地区，可能仅有一两个土著居民被雇用，因为那里有很多欧洲工人。19 世纪 50 年代淘金热时，欧洲工人数量短缺，牧民们迫不得已主要依靠土著居民来为他们放羊，他们发现土著居民工作起来要比他们预期的认真得多。牧牛点距离海岸线越远，他们对土著居民的依赖程度就越高。这些土著居民是整个大陆北部地区的全部劳动力。牧民们对教化土著劳工或是让其皈依天主教毫不关心。在新南威尔士州的惠灵顿山谷教区(Wellington Valley)，一个威拉德朱里人(Wiradjuri)对一位传教士解释自己不会向他寻求帮助时说："你为什么总是说上帝啊、魔鬼啊、死亡啊什么的？其他白人兄弟或是老板可不这样说话。”

接受工作的土著居民不愿意做固定的工作，他们喜欢工作一段时间，然后与族人离开此地，或是穿越整个国家，去其他地方工作、乞讨或是打猎。北部地区的牧民则完全依赖于土著居民，他们不得不两次动武：第一次动武以求夺得土地，第二次动武以求获取并留下劳动力。后来，牧民和土著居民达成妥协，雨季时土著居民离开牧牛点，同族人在其自己的土地上“短期漫游”。

并不是所有的土著居民都去工作。北部地方的一个牧牛点里，只有年轻的男女在工作，老人、孩子则住在一处距离农庄稍远些的营地里；生活在郊外的是“野人”，也就是那些没有来牧牛点里生活、工作的土著居民。雇主为工人提供衣食，为营地的土著居民提供食物；而野外的黑人继续过着打猎的生活，有时也会宰牛。

传统的生活方式依然在这三种人群中延续。他们以特有的方式举办婚礼，年轻的男子要参加成人仪式，在重要节日要举行狂欢会。他们按照传统的方式看待为雇主打工这件事。工人们没有工资，也不渴望工资；他们为自己的雇主——这个强势的人物劳作，作为回报，他会供养并保护整个群体。这是一种互惠关系，如同亲戚间的关系一样，他们有时也的确把老板当作亲戚看待。土著居民养牛技艺高超，他们十分自豪，甚至用把自己比作动物的说法来描述自己的技能："我们是牛的孩子，我们长大就成了牧牛点。"

20 世纪 60 年代，工人认为工资微薄，举行罢工，要求牧民将其工资提高到白人的工资水平。于是，牧民不再雇用土著居民，也不再供养土著营寨。土著居民开始完全靠社会福利生活。

此后不久，新的情形出现。1976 年（最高法院对马博案件作出审判的 16 年前），联邦政府通过北部地区土地权利法案，规定与土地有传统联系的土著居民可以对土地拥有所属权。如今，土著居民有机会经营自己的牧牛点了。

土著居民做过一番努力，但收效甚微。欧洲人经营牧牛点的目的是营利，但这并不是土著人愿意思考的事。部落和家族忠诚的观念妨碍了有效的商业管理。边远地区的土著居民仍然靠福利生活，政府希望他们的生活标准能够提高到其他社会成员的水平，希望他们提高卫生、教育水平，有工作，但土著居民不为所动。

他们的思维模式依然是狩猎和采集者的模式。

问题 2

犯人流放地是如何和平过渡为民主国家的？

新南威尔士于 1788 年成为犯人流放地，1860 年成为自治殖民地，为民主政体，所有男性都有选举权。这一了不起的转型是如何发生的呢？有的著作完全不提及此问题，还有的著作则给出各种没有说服力的答案，这些答案也只是告诉我们此转型的标志而已，并没有解释原因。

这些答案之所以模糊、无力，是因为问题本身就是错误的。新南威尔士一开始并不是犯人流放地，我们最好把它的开端看作犯人的殖民地。其历史可以用这种方式来表示：

$$\text{犯人殖民地}\xrightarrow[\text{犯人流放地建立失败}]{\text{19 世纪 20 年代至 30 年代}}\text{自由人殖民地}$$

为什么早期的新南威尔士不是犯人流放地呢？简单

地说，就是1786年时的英国官员无法构想出像后来法国在魔岛[①](Devil's Island)上建起的魔域一样的世界——一个由守卫和犯人建立起来的专门实行惩罚和管控的世界。18世纪的英国还没有建立犯人惩罚制度，犯人受到的惩罚要么是鞭打或绞刑，要么就是被送去美洲殖民地。

那时的监狱只用于短期监禁犯人，并没有监狱纪律。监狱里有一间男牢房、一间女牢房，没有规定禁止男女混住。一对乘坐"第一舰队"[②](the First Fleet)来到澳大利亚的男女犯人在监狱里相识并产下一子。如果你是个犯人且有点钱的话，就可以派人买来食物及其他能让生活舒适些的用品，或许还可以给监狱长一些钱，这样就能住在他家。在不考虑出身、财产与熟人关系的情况下，很难管理这样一个机构。

看看新南威尔士创始人要把犯人送到非洲西海岸时制定的计划（后来因为那里的气候过于恶劣，这项计划流产了），我们就能明白那些公使和官员的思维模式了。犯人们要被扔到冈比亚河(Gambia River)中的一个小岛上自

---

① 魔岛是1852年至1953年法国在法属圭亚那的卡宴设置的罪犯流放地，主要流放法国政治犯，以严管、酷刑而臭名昭著。——译者注

② 第一舰队指1787年从英国驶出的11条载有犯人的船只，这些人在澳大利亚建立起第一片欧洲殖民地。——译者注

力更生。他们要选出一个头目，建立委员会，制定法律，管理殖民地。他们还要耕地种粮，在这方面，一些人无疑会比另外一些人更擅长，于是他们就会做其他人的雇主。英国政府会派一条船在河口处巡逻，确保犯人们不会逃跑。显然，官员们不注重依据罪行来惩罚他们，他们的惩罚方式就是流放。在这个微型共和国里，最有可能成为领军人物的就是那些铁石心肠、最有开拓精神的犯人。

至于新南威尔士，政府则参与得更多，他们派出了总督以及海军陆战队。但这片新殖民地很快就显现出犯人共和国的模样。第一天，陆战队的战士们就罢工了，他们拒绝去做监视犯人的工作，甚至当犯人们为了给战士搭建帐篷而去清扫地面时，他们都拒绝监工。于是菲利普总督(Governor Phillip)只好任命一些犯人监督其他犯人工作，报酬就是他们可以不劳作。官方规定犯人要从清晨工作到傍晚，但犯人监工很快就采取了自己的工作模式，减少了犯人的工作量。他们制定了日工作量——砍多少树、锄多少地，工作量完成后，犯人们便可以离开。如果犯人努力的话，中午前便可完成任务。

自此犯人们制定出他们所谓的“自我时间”，且极力维护这一政策的实行。即便上午天气不好，无法执行政府布置的任务，他们也会拒绝在下午为政府工作。在那些

"自我时间"里,犯人们可以无所事事,可以偷窃,也可以工作赚钱。

总督们花了很多年才把一部分下午时间索回。他们最终规定,无论是为政府工作还是为个人雇主工作,犯人们必须工作到下午三点。1814 年,麦夸里总督宣布犯人必须全天为个人雇主工作,但三点后的工作需要由主人们付钱,也就是工资。麦夸里给那些在悉尼为政府工作的犯人建了一座营房,现如今这座营房还屹立在麦夸里大街上。犯人们获得全食宿后就不需要下午三点后再去工作,以赚钱支付住宿费用了。但他们并没有忘记"自我时间",周末时他们可以离开营房,去市里享受生活或是工作。

第二年,悉尼湾(Sydney Cove)的食物供应减少,饥荒迫在眉睫。菲利普为了制止抢劫,设立了一支警察部队,而且他别无选择,只能让犯人们来充当警察职位。这些重罪犯拥有了管理游民、水手和陆战队战士的权力,工作重点是拘留那些夜晚时在营寨外闲逛的陆战队战士和水手。

犯人警察收到这些指令后的确拘留了一些陆战队战士,但没过几个月,军队首领(即副总督)罗伯特·罗斯(Robert Ross)少校就表示强烈抗议。菲利普听不清他所讲的原因,因为他气得近乎中风,只是不停地说着犯人拥有警察的权力就是对他手下士兵的侮辱。无论按什么标准来评判，事实都的确如此。菲利普做出让步，提出修改规定，只有战士们确实有抢劫行为警方才可以逮捕。然后，他把罗斯少校派去管辖诺福克岛（Norfolk Island），犯人警察则留了下来。

犯人担任监工和警察，这仅仅是个开端。因为想让自由人来到这片殖民地上工作十分困难，所以地方长官就动用犯人来从事各种专业性较强的职业，包括律师、建筑师、测量员、医生、教师、艺术家（他们曾经是伪造犯）等。第二任总督约翰·亨特（John Hunter）告知英国政府不要再寻找合适的自由人了，因为无论他需要什么工种，都有犯人能够满足他的需求。自由殖民者也开始雇用这些罪犯出身的专业人员，甚至几乎每个绅士家庭都有一名犯人来做家庭教师。

这个所谓犯人流放地的管理依据是英国普通法。这似乎是英国内政大臣悉尼勋爵（Lord Sydney）在制定殖民地计划时较晚制定的一项决策，这足以保证他在这座以他的名字命名的城市里名垂千古了。起初，人们计划按照军法对殖民地进行管辖。使用民法意味着除法院裁定外，犯人可以拒绝接受任何惩罚，并且在出庭之前，他们要像其他人一样，在被证明有罪前，必须按照无罪处理。

事实上，当时已经禁止在法庭上称犯人为“犯人”或是

“前科犯”了。如果犯人因违背劳动法——懒惰、逃跑、酗酒——而被主人送上地方法庭，他们就很难逃脱惩罚，即便这样，他们也有尊严，因为主人不能亲自惩治他们。犯人不是在主人的鞭笞之下劳作。对于上诉至上级法院的严重案件，无罪赦免的比率相当之高——大约占到所有案件的四分之一到三分之一。负责这些案件的陪审团由六人组成，他们是陆军或海军军官，当案件涉及他们的荣誉或利益时，他们会有所偏袒，但在其他情况下则十分认真尽责，如果犯罪证据不足，他们就会放了“犯人”和“前科犯”。

犯人在殖民地获得的合法权利要比在祖国多。在英国，犯人无权出庭作证、占有财产或是起诉。但在新南威尔士，因为大多数人都是犯人，所以如果法院想要获悉案件细节，就必须让这些犯人作证。因为犯人可以作证，他们就可能提供一些不利于主人的证据。另外，法院必须认定犯人为财产所有人，否则就无法控告其他犯人偷盗财产。被递交至刑事法庭的第一起案件就是一个犯人偷了另一个犯人的面包。

如果要保护自己的财产，犯人就必须能够去法院起诉。第一起民事法庭案件就是一对犯人夫妇起诉把他们带到殖民地来的船长。他们就是在监狱里相识的那对犯人亨利·凯布尔(Henry Kable)和苏珊娜·霍姆斯

(Susannah Holmes)。起初,政府计划只把苏珊娜和孩子遣送至殖民地,以此达到把他们分开的目的。当监狱长把苏珊娜和孩子送到船上时,船长拒绝孩子登船。监狱长把苏珊娜留在船上,带着孩子去了伦敦,在悉尼勋爵的办公室外露宿数日,最终悉尼勋爵答应孩子可以和父母一起去新殖民地。后来这个案件便传开了,人们还提供专款资助这一家人开始新生活。船只驶向澳大利亚时,船长又弄丢了他们的行李,法院判定船长要向这对夫妇赔偿损失。

关于如何惩治犯人,早期的总督没有收到任何指示。总督的首要任务就是生存,其次是发展经济,这样整个殖民地才能自力更生。于是,他们根据犯人的才能和勤奋程度进行选用。对于表现优异的犯人以及从家乡带来推荐信的犯人,他们爽快地将其赦免。起初,“假释许可证”只颁给那些可以自行生存的犯人,这样就可以把他们从配给名单上删掉,从而减少支出,而节省开支正是英国政府最关心的问题。后来,“假释许可证”演变成对表现优异的犯人的奖励。

犯人在这个自由的国度里有许多赚钱的机会。最优秀的犯人为从事贸易的官员打工。他们像所有的官员一样,赚钱致富弥补了向国外邮递包裹的枯燥。官员可以进口朗姆酒、茶叶、糖、烟,但如果不放弃绅士身份,他们就无法开设实体商店出售货物，所以，他们任命分配来的罪犯仆人们经营商店，于是这些犯人很快就自力更生地在商业领域起家，成为贸易商、造船工程师、银行家等。这些曾经是犯人的商人有男有女，都是被分配去的犯人，他们的工作待遇同官员以及少数自由殖民者相同。

获得自由后的犯人就会得到 30 英亩（约 0.12 平方公里）农田，并且有其他犯人来给他们当仆人，替他们打理农田。在耕种方面，犯人经验不足，且大多意志不够坚定，他们经常酗酒、欠债，然后把土地卖掉，被那些有进取心的殖民者买去，这些人有的是自由民，有的是前科犯。一些前科犯成为富庶地主，但要走上这条道路，第一步必须是通商，想从 30 英亩农田起家很难。

阻碍前科犯成功发展的只有一点：无论他们赚多少钱，官员和自由殖民者都不承认他们与自己享有同样的社会地位。总督府里举办的舞会和晚宴就是“上等社会”的标准，他们不希望前科犯出现在那里。在现代澳大利亚人看来，这可能就是势利眼，但同这种社会排斥相对的却是经济机会：官员们和自由殖民者不在乎前科犯拥有怎样的地位或是赚了多少钱，因为无论怎样，这些前科犯在社会地位上都低他们一等。

麦夸里总督认为自由殖民者总是满腹牢骚，这里得以成功开发,应该是前科犯们的功劳。他“入乡随俗”,全然接受罪犯共和国的逻辑,并任命三位前科犯做地方法官,还邀请他们前往总督府,希望总督府里的其他人平等对待他们。然而其他人对此深恶痛绝,心中不满,最终导致官方来调查该殖民地的管理情况。麦夸里成为犯人殖民地的最后一任总督。

鞭打又是怎样一回事呢?众所周知,鞭刑是早期新南威尔士的一大特点,时常发生。这是当时用于军队、学校和家庭的常用惩罚手段。可恶的是,人们误以为这就是整个殖民地的管理方式。每当电影或电视上出现鞭打画面时,都是一位残酷、以嘲笑他人为乐的自由殖民者因为一丁点过错就把犯人送上法庭。当地法官是主人的朋友,他不会花时间去审理这类案子,法院的审判结果就是鞭笞犯人。画面中鼓声响起,几个士兵押着犯人向前走,法官发布命令,然后犯人就被绑在三角形架子上,一位士兵挥起鞭子。

这完全就是幻想出来的,因为军队和惩治犯人没有丝毫关系。鞭笞过程由犯人或前科犯监督,鞭打则是由一位犯人鞭打手进行的。犯人也可能是由身为前科犯的主人送来要求进行惩治的。这才是我们应该记住的画面:身为前科犯的主人把手下的犯人送上法庭,由一位同为前科犯的地方法官审理，惩罚过程由身为前科犯的警察监督，由犯人鞭打。这是流放地吗？不，这是一种独特的社会形态。

法国人于19世纪50年代在已有殖民地几内亚和新喀里多尼亚建立了“流放地”——这种叫法十分准确，与新南威尔士的全然不同。监狱的守卫和囚犯各自分开居住。守卫完成了分内工作——让犯人们服劳役，但犯人没有被叫去各尽所长以保证当地的正常生活。殖民是男性的事。他们没有对自己所处的殖民地产生转型影响。

最终，是女性在新南威尔士的出现使得“流放地”一词不再合适。英国统治者乐于对囚犯施加绞刑或鞭刑，但在他们看来，让男性远离女伴很久是一件违背天性且十分残忍的事。所以，他们把191名女犯人派上第一舰队，要她们来陪568名男犯。菲利普总督本打算从太平洋岛屿上再带些女人来服侍这些男犯，但抵达目的地后便发现，让她们来殖民地的后果就是饿死，这样做未免太过残忍。

男女混在一起，带来很多混乱，也带来很多婴儿。有些女犯在第一舰队上就怀孕了，这些婴儿是英国自由公民。所以，“犯人流放地”还没建立，就产生了自由人，他们长大后会称之为家乡，认为这里是正在建设中的国家。这个社会的成员不仅限于犯人和守卫，甚至在第一年就是如此了。而且我们知道,不管怎样,守卫在惩戒部门都不扮演任何角色。

*

新南威尔士建成之时,正值英国监狱改革开始之际。改革者希望监狱得到有效管理,整洁卫生;囚犯要分类,男女分开;犯人应该劳作,且他们的改造需要得到关注。他们提出要设立单独监禁,既可以作为一种惩罚模式,又可以鼓励反思改造。19 世纪 40 年代,改革者取得了胜利,可是所有囚犯都被单独监禁了。这场运动的发起者也参与了奴隶解放运动,他们本着人道主义初衷,最终却得来这样糟糕的结果。

这些处罚原则得到普遍认可,这时,新南威尔士就成了妨碍该制度运行的一大障碍。在这里,犯人们没有任何区分,全都混在一起,也没有相应的罪罚或是改造。当几乎所有人都是犯人时,怎么可能有改造?当犯人发了家,过上了好日子,流放又有什么威慑力?改革者希望废除将犯人流放至新南威尔士的做法,把所有囚犯都关在新型监狱里。

按照新规建监狱会耗费大量财力,而把犯人赶出国土则廉价得多，且在心理角度上满意度高。政府不愿意废除流放制度，但他们也得留意新规。最终，政府于1819年指派调查专员约翰·比格(John Bigge)前往新南威尔士。他的任务就是找到方法把新南威尔士变成合适的惩处之地，让它既可以作为流放地，又有改造的功能。经过18个月的调查，他给出了自己的方案，英国政府予以采纳，由布里斯班总督(Governor Brisbane)和达林总督(Governor Darling)推行。这便开启了殖民地历史的第二阶段：尝试把它变为流放地。究竟成效如何呢？

在接下来的日子里，假释许可证只能发给表现良好的犯人。麦夸里总督规定，犯人只能在最低限度的刑期结束后获得假释许可证，如判刑7年的人至少要服刑3年。但他经常违反自己定下的规则，而且犯人们也很难对付，他们认为只要规定的期限一过，便立刻有权获得许可证，不管他们犯下的罪行是酗酒还是逃跑。

为了确保每个犯人都有记录可查，政府要求建立中央档案以记录所有罪行。组织记录档案十分耗时，且永远难以达到完美的程度。塔斯马尼亚岛在这方面做得比较好，他们在“黑名册”里用一页纸记录下犯人的全部详细信息。新南威尔士的大部分档案都被毁掉了，塔斯马尼亚岛的则留存下来，成为考证家族史的有用资源。

在档案完备的情况下，人们开始用官僚方式处理犯人，即相同案件用同一方式处理——正是这种思维模式产生了良序监狱的概念。这种新模式对于没有突出技能、也没有人为其辩护的犯人来说十分有利：如果他埋头苦干，就能得到假释许可证。但还是有些特殊情况：如有犯人抓到丛林土匪，或是提供有关这些土匪的有价值信息乃至他们的行动计划，再或者同意参加探险，就发给他们许可证。家乡寄来的推荐信有时依然能起作用——可以帮助犯人提前获得假释许可证。如何处置绅士犯人的问题在一定程度上得到了解决，政府为他们开辟了一片特别的殖民地，不过他们不会被要求进行普通劳动，没有人会想让他们去服劳役。

犯人们从此再没有了工资，但这并不意味着所有犯人都会得到配给，也不意味着配给之外就没有任何东西。技艺精湛的人可以获得额外配给，且有机会利用自由时间为某位主人或是附近的殖民者打工赚钱。当时的犯人反抗事件不多，1833 年，一次反抗事件的领导者约翰·普尔(John Poole)在法庭上宣称，他和犯人同伴在詹姆斯·米迪位于猎人谷的田地里打工，这期间，他们经常遭受鞭打、挨饿。伯克总督(Governor Bourke)下令调查，结果表明他们的上诉请求并不真实。约翰·普尔是位木匠，他负责管理一群犯人在这片田产里修建风车。他身穿白衬衫，有额外配给，包括酒在内。米迪还从悉尼给他带来一支长笛，以及音乐书。他也有其他工作，为别的殖民者制作犁。他和米迪关系融洽，但和负责管理田产的米迪女婿关系糟糕。这位女婿因为普尔态度傲慢而把他送去受鞭刑（他第一次遭受鞭刑），他便组织了这次反抗活动。

犯人的粮食配给量早在英国国内就已经确定。饥荒时期，配给量经历削减、恢复和改变，最终作为一项必须达到的标准而保留了下来。每周得到 7 磅（约 3.18 千克）面粉、7 磅肉成为犯人的权利。1823 年，该标准被废除，犯人得到的粮食必须“足量”。关于这一点，人们争议很大。被指控懒惰的犯人可以提出主人饿着他们，地方法官就要艰难地判断他们得到的食物是否“足量”。犯人认为没有白面包的配给绝对算不上足量，如果一顿饭里只有黑面包或是玉米，他们是不会吃的。1831 年，官方重新修订配给标准。

此时二级惩罚地要实行统一的纪律标准。所谓的二级惩罚地是指麦夸里港（Port Macquarie）和莫顿湾（Moreton Bay），在殖民地犯下严重罪行的犯人要被送到这些地方。那里的纪律曾像早期的新南威尔士一样松散。军队自己管理农田，雇用犯人耕作。犯人的朋友可以给他们寄食物、衣服等物品——政府的供给船只不收运费，所以犯人可以一边受着惩罚，一边经营商店。已婚犯人可以让妻子和孩子同来，还可以利用休假来打工以补贴家用。政府从犯下双重罪的囚犯中招募了治安官和监督员。如今，私人农场和私营商铺都被关停；所有的犯人都要服劳役，他们要用锄头工作，不能用犁；身怀特长的人除外，在紧急情况下，他们可以从事本行——但也只是临时性措施。表现良好的犯人依然可以让妻子来团聚。监督员则一直是犯人本身。

1825年，诺福克岛重新开放。这里因为土地肥沃，曾是早期殖民地的重要附属地，但没有被用作进一步惩罚的地方。现在，这里即将成为二级惩罚的恐怖之地，其目的是让新南威尔士的犯人遵守纪律。达林总督下令任何女人都不得来到此地，不管是犯人的妻子还是士兵的妻子。他承认，缺少女人会导致同性恋人数增多，但他认为，即便这里有些许女人，也不会妨碍同性恋的盛行。不管怎样，他就是要达到威慑目的，完全不在乎自己打造的天地是多么糟糕。姑且不说达林对同性恋的判断是否正确，他至少正确地判断了禁止女性到来的影响。他不希望监狱秩序被舒适的家庭生活搅乱，或是像新南威尔士等其他殖民地一样，被男女滥交扰乱。诺福克岛几乎就要成为流放地了，而且如果不是由犯人来做守卫的话，的确可以用这个词来描述它。犯人们认为守卫是叛徒，记恨在心，守卫又十分担心自己的工作安全，所以他们更加残酷、专横。

在诺福克岛和另一处位于塔斯马尼亚岛阿瑟港（Port Arthur）的二级惩罚地，有很多按照单独监禁规定建立起来的监狱，如今成了废墟。阿瑟港一处单间监狱的耳房已经修复，包括其小教堂。昔日犯人们被要求坐在教堂的小隔间里，这样做可以防止他们看到彼此，所以即便是在教堂里也能继续实施单独监禁。这些遗迹被看作澳大利亚徒刑制度及其残酷性的标志。事实上，这些监狱是应英国刑事改革倡导者的要求建成的，且建成时间很晚，改革者反对把犯人流放至澳大利亚，反对那里犯人的一贯待遇。与之相比，殖民地原有的徒刑制度却没有留下什么典型遗迹，因为大多数犯人的全部时间都在为自己的主人劳作，要么住在阁楼或是单独的厨房里，要么住在牧羊站的仆人小屋里或是灌木丛中的牧羊小屋里，也可能是和某位小农同宿。

这就是很难根据刑罚规定有效管理新南威尔士的原因。私人雇主从不关心刑罚或是改造，他们只想让犯人把他们的工作完成，也会同犯人达成协议，满足犯人的要求，对刑罚视而不见。为了不被批判，比格希望先发制人，计划鼓励更多自由殖民者来到殖民地。因为对于犯人来说，作为主人，自由殖民者会比那些前科犯做得好。如果所有的犯人都被送去这片领土上的自由殖民者的庄园里劳作，惩罚就可以持续进行下去，且犯人可以有更多机会远离悉尼的奢华生活进行改造。比格的提议是解决问题的捷径，实施起来却不那么容易。

比格的政策实施四年后，英国殖民大臣告知达林总督，悉尼有一技之长的犯人依然人数众多。他希望把这些人派去英国本土，让他们服劳役。达林解释说他不能接受这个命令：如果接受，悉尼的各个行业——如制衣、制鞋等——要怎么进行下去呢？建筑工人的作用更是举足轻重，他们在工作日为政府工作，周末赚外快——“悉尼就是这样建成的”。这些虽然违背了刑罚规定，但已经是既成事实，英国政府只好息事宁人。

安排犯人在本土服劳役还有一个难处，即牧羊工作（无聊但不辛苦）和放牛工作（很刺激，可以骑马）越来越多。畜牧业日益发展，通常情况下，牧场主不再亲自管理牧场，所以前科犯、持有假释许可证的人甚至其他犯人就成了犯人们的监工。这绝不可能成就良好秩序和严明纪律。1838 年，迈奥尔溪大屠杀（Myall Creek massacre）中 30 名土著被杀害，其始作俑者就是犯人牧场主和前科犯牧场主，他们骑着马在这一地区游荡了数日，寻找可以杀戮的土著居民。

如果流放潮自此中断，不再有人被发配至这片境外新领土，犯人就可以得到更好的管理，土著居民就可以得到更好的保护。但英国政府需要殖民地为其提供羊毛，于是，繁荣发展的殖民经济战胜了徒刑规定。

19 世纪 20 年代，又有许多资产雄厚的自由殖民者来到这里，由政府分配了土地和犯人，犯人为他们工作。猎人谷在这一时期被殖民，发展势头如比格所愿。在其他的新殖民区，前科犯是拓荒者之一，尤其是在资本投入较少的养牛业。前科犯在贸易、商店、酒馆、务农以及其他小生意方面表现尤为突出。他们雇佣的犯人总数达到为私人雇主工作的犯人人数的一半。没有人（甚至包括比格）提出要禁止他们雇佣罪犯工人，因为那样做的话就会毁掉现有经济的一半，而这也会毁掉自由殖民者。前科犯在殖民地的地位确立已久，要大多数犯人把自由殖民者当作主人，需要很长时间才能做到。

在比格来到殖民地之前，一份法院判决质疑了赦免前科犯的合法性。如果对赦免有疑问，接下来可能就要质疑他们的财产权了。虽然怀疑他们做主人的能力，但比格知道，殖民地的繁荣取决于他们的财产安全。1823 年，人们写了请愿书送去英国,请求国会确认赦免合法,比格也参与了请愿。于是,前科犯获得了自由证书(当地发明的说法)一直以来宣称的权利,即持有者"重新拥有自由公民的所有权利和特权"。

总之,比格的计划是让所有犯人在值得尊重的自由殖民者的监督下工作,但随后其对徒刑制度做出的改变远远没有达到这个目的。如比格的计划得以执行,这里就会坐实"流放地"这一头衔;我认为他希望把这里变成流放地,但递交报告后所做的努力却失败了。要实现刑罚目的,有太多事情必须要做,但又有太多规定不能更改。

*

妨碍新南威尔士发展为自由民主社会的,主要是自由殖民者。如果让他们随心所欲,他们就会自封为统治阶级,将前科犯排除在权力系统之外。英国政府对殖民地执行严格管控,阻止了这一切的发生。

英国是自由主义先锋国家。17 世纪,国会将一位国王①斩首,流放了另一位国王,驯服了君主政体。国王依然

① 指查理一世。——译者注

统管全国,但只有国会可以通过法律、批准税收。法官由国王任命,但只有国会可以将其辞去,这样的安排使法律得以独立。所有英国公民都受到法律保护,执行这一原则时,应该无所畏惧、无所偏袒,这在英国人的观念中根深蒂固。只有少数人有选举权,但所有人都有权保护自己的财产安全和人身安全,有权被同等地位的陪审团审判。悉尼勋爵坚信这一点,所以他认为新南威尔士的犯人应受法律限制,而不是受随意的权威管制。但他们错过了建立同等地位陪审团的机会。

1776 年,美国独立战争爆发,公布了自由主义原则;1789 年法国革命,先公布了自由主义原则,后公布了民主原则。因为法国人民利用新权力砍掉了贵族的头颅,支持恐怖统治,所以在民主政治下,自由主义似乎十分危险。虽然法国革命政权取得了胜利,但英国政府聚集了许多民主主义人士,拒绝考虑进一步的自由主义改革。不过在 1815 年拿破仑战败之后,自由主义在英国崛起,其主要目的是扩大国会选举权的范围。

英国托利党执政多年,1830 年,力主改革的辉格党上台。辉格党在 1832 年颁布的首部《改革法案》中给予中产阶级选举权,重新划定选民名额,减少没落小城市的选民数量,将名额分配给新兴工业化城市。至于新南威尔士,他们派去了一位名叫理查德·伯克(Richard Bourke)的自由党派总督。与这位总督同行、负责新南威尔士这块古怪殖民地的官员们对待自己的任务十分严肃,前人们建立起的犯人殖民地让他们震惊不已,因为这必定会造就一个堕落邪恶的社会。对道德的关注,使得人们越发支持自由主义。然而,罪犯殖民地必定堕落的假设却忽略了一个事实,即前科犯已经获得财产,因此他们十分维护法律、遵守秩序。但新南威尔士的犯罪率依然很高,酗酒时有发生,这就给了道德家们去关心的理由。

豪伊克子爵(Viscount Howick),辉格党首相格雷伯爵(Earl Grey)的儿子,是负责制定殖民政策的大臣。他制定计划鼓励自由劳工移民新南威尔士。因此,19 世纪 30 年代便产生了两股移民潮:犯人和自由劳工。犯人依旧几乎全部为男性,自由劳工则男女数量持平,这样可以帮助解决男女数量不均衡的问题,而数量不均衡正是引起伤风败俗和秩序混乱的首要原因。

劳工付不起去澳大利亚的长途旅费。豪伊克有办法给他们付路费,他规定殖民地的王室土地用以出售,而不是赠送。这是殖民地运动改革家爱德华·吉本·韦克菲尔德(Edward Gibbon Wakefield)提出的政策。出售土地可以减缓殖民发展速度,而且将所得收入花在自由移民身上，殖民地就可以不再依赖犯人作劳动力。

新南威尔士的自由殖民者没有要求实行这样的政策，而且原本王室免费赐予他们的土地如今却需要花钱来买，他们心中大感不快。在韦克菲尔德的无犯人政策指导下，南澳大利亚州(South Australia)于1836年成立，于是土地价格随着该州的建立而猛增，自由殖民者更加不悦。新南威尔士的地主们倒是十分乐意依靠犯人来工作，但此时辉格党政府已经找到一种方法，即便移民结束，也能继续让殖民地持续繁荣发展。

在辉格党政府的支持下，伯克总督制定了政府处理教派事务方面的平等规定。伯克是爱尔兰人，新教徒，但此人是个自由主义新教徒，当年英国政府强力支持新教教派，他亲眼看到了爱尔兰因此引发的苦难与纷争。虽然大多数爱尔兰人是天主教徒，根本不去参加新教教会礼拜，却必须上交教会税以供养新教牧师。辉格党政府考虑直接为爱尔兰天主教会提供资金支持，但实际上这个问题非常棘手，因为英格兰也有非国教派，他们不想向国教上交教会税，并且渴望在爱尔兰开创先例，改变当前形势。辉格党则不愿意英格兰的国教资金问题引发争论。

新南威尔士则容易许多，政府基于同一条件通过了伯克制定的资助国教、天主教以及长老教会的计划：政府为牧师发工资，工资待遇要与他们为修建教堂筹集来的钱数相匹配。新南威尔士的天主教没有完全失去政府资助，但此时，他们立刻就要获得与新教徒平等的待遇了。对于信奉新教的英国来说，这是支持流放地的一个了不起的办法，且流放地近三分之一的人口是天主教徒，这样的做法对于维持社会安定意义重大。国教的主教和其他新教领导人对政府资助罗马天主教的“错误”表示不满，但政府承诺会为他们所在的教会提供更多资金支持，他们还是满意的。除了仁慈的独裁者，没有哪个教会会提出自己应和其他教会得到同等的政府资助。

争取宗教平等是英国整个19世纪最具自由主义精神也是最激进的事。在新南威尔士，这件高度紧张的大事早在殖民地实行自治之前就平息了。

同样是在辉格党政府的支持下，伯克总督下令审理案件时，由平民组成的陪审团取代了由陆军和海军军官组成的陪审团。一般情况下，拥有具一定价值的房产或在具一定价值的房子里居住，才有担任陪审员的资格。伯克允许达到财产标准的前科犯担任陪审员，虽然这遭到自由殖民者的强烈反对。自由殖民者有一定的反对理由——至少让前科犯判决某人在刑事案件中是否有罪有些奇怪。在他们看来，这样会破坏法律体系的完整性，有损殖民地的声誉，也会有损他们在那生活的名声。但还有一个更重要的问题有待解决：殖民地已经有了正常的法律制度和政治制度，那么作为一个庞大而富裕的阶层，前科犯是否要被排除在制度外？伯克早已给出他的答案。

如果前科犯可以做陪审员，还有什么理由剥夺他们的选举权呢？在殖民地接下来的几届政府中，关于陪审员资格的论战进行得更是沸沸扬扬。英国政府考虑赋予新南威尔士传统的殖民地权利，可以通过选举成立议会，进而制定当地法律。

成立议会这一要求由威廉·温特沃思（William Wentworth）推行，他胸怀大志，希望自己的家乡能被授予全部自治权。他的母亲是个犯人，父亲和爱尔兰贵族交情至深，曾三次被指控拦路抢劫，但从未被定罪，后来自愿流放，去了新南威尔士，发家致富。他的儿子被送回老家，去剑桥大学读书。1824 年毕业后回到澳大利亚，开办了殖民地的第一家独立报纸《澳大利亚人》（*The Australian*），该报极力鼓动成立全民大会。温特沃思同意赋予前科犯选举权，并提出非常之低、几乎所有前科犯都能够满足的财产要求。如此，前科犯数量轻而易举地就超过了自由殖民者数量，殖民地自然而然就会落到他们手中。温特沃思曾被自由殖民者冷落、羞辱，所以这一情形让他非常满意。

达林总督曾试过压制《澳大利亚人》以及其他独立报纸的发行，但受到一位自由派首席法官的阻挠，所以说流放地的出版社比英国本土的拥有更多自由。达林被派到新南威尔士的任务是要把这里发展成为可靠的惩戒之地，如今前科犯们竟然办起了自己的报纸，并借此呼吁获得权利、公开抨击他！这让达林简直无法相信自己的眼睛。

温特沃思呼吁成立全民大会的行为让自由殖民者十分警觉，他们害怕辉格党政府被说服。他们坚称，如果要成立全民大会，财产权不能成为选举权资格的唯一标准。前科犯一定要证明自己有所改造。

辉格党几乎马上就要着手成立全民大会了，但他们有所顾虑，于是将进程推迟。他们既不希望对前科犯强制实行某种容易引起争议的选举权资格标准，也不希望殖民地完全落入前科犯手中。大臣们用另一种方法解决了这个问题，他们决定不再接收流放犯人。一旦犯人不再来此，自由殖民者和当地新生儿数量很快就会超过前科犯，后者所占人口比例就会下降，自由殖民者就不会再那么关心前科犯的选举权问题。

事情经过如下。1840 年，流放潮中断。1842 年，前科犯获得选举权以及成为立法委员会候选人的权利，该委员会三分之二的成员通过选举产生，余下三分之一由总督任命。该机构可以通过当地法律，但政府依然由总督及其下属官员组成，这些人由殖民部任命。英国政府没有同意澳大利亚成立完全自治政府，但关于前科犯权利问题的僵局已经得到解决。

停止输入犯人不是自由殖民者提出来的，也不是温特沃思和他那些前科犯支持者提出的。这个决定让这两群人都十分震惊，因为它可能会影响殖民地的经济繁荣，而且与该决定一同到来的是对殖民地的大讨伐。辉格党于1834年废除大英帝国的奴隶制度，如今对奴隶制的抗议发展到了新南威尔士。据传，那里和西印度群岛的奴隶殖民地一样低俗恶劣。不仅犯人没有接受相应的惩处或改造，而且主人也已道德败坏，因为他们对“奴隶”施加绝对权力。事实上，新南威尔士与奴隶社会大不相同：这里的“奴隶”有合法权益，而且许多人的主人也是曾经的“奴隶”。但奴隶制问题引起了群情激奋，这让英国政府不得不做出决定，不过随之带来一个千古难题：要怎样处理犯人？或许得修建新型监狱。与此同时，犯人仍被流放至范迪门地[①](Van Diemen's Land)，那里的人数已经超过其处理能力范围。

① 塔斯马尼亚岛的旧称。——译者注

新南威尔士已经走上了自由人自治殖民地的道路。已经来到这里的犯人要么服完刑期，要么获得了假释许可证；前科犯拥有和自由殖民者同等的法定权利和政治权利；在那里土生土长的人主要是犯人的子女，他们生来是正式的英国公民。更多的劳动力需求可以通过自由劳工的移民来满足。因英国政府所做的决定，或者说是因为英国政府批准了伯克总督的提案，所以这里发展自由人殖民地一事进行得相当顺利。概括起来，关键措施如下：

- 出台自由劳工移民政策(所以可以中止流放)。
- 天主教会(绝大部分教徒是前科犯或囚犯)获得与新教教会同样标准的政府资助。
- 前科犯可以做陪审员。
- 政府未批准其成立地方议会，但前科犯和自由殖民者对议会的人员构成存在分歧。
- 停止流放，于是自由殖民者同意前科犯有选举权、可担任议会候选人。

这是治国之道的伟大历史，但在澳大利亚历史中却很少被提到，因为谁会愿意承认澳大利亚的成功多亏了英国佬呢？

在澳大利亚发展初期，英国社会更加信奉自由主义，但距离民主依然路途遥远。有趣的是，英国在新南威尔士打下了自由国家的基础，也确保了它朝民主道路发展的方向。

立法委员会于1842年成立，其部分成员通过选举产生，选举资格由英国政府确定。政府知道，殖民地的财产权价值高于英国，所以英国的资格要求并不适用于那里。英国国内选举最低资格限制是每年房屋租金为10英镑，于是城市的中产阶级获得了选举权，工人阶级则不然。新南威尔士的租金要求为双倍，即每年20英镑。但悉尼的租金之高使得一些技工也获得了选举权。不过总体来说，殖民地的财产资格规定取得的结果同英国一样，即大约五分之一的人拥有选举权。

选民范围如此之窄，因此选举出的立法委员会委员都是殖民地的名流：大地主、取得放牧权的人、商人以及专业技术人员。威廉·布兰德医生（Dr William Bland）是1843年被选举出的一位委员，他也是个前科犯，曾因在一次决斗中杀掉对手而被判刑流放。威廉·温特沃思是犯人生下的孩子，他是选举委员们的领导者，他们经常侵扰政府官员（被任命的委员会委员），要求殖民地获得全部自治权利。温特沃思正把他那煽动民众的历史抛在脑后。如今，自由殖民者们愿意承认温特沃思是他们自己的政治领导者，但仍不承认他与自己社会地位平等。

1848 年，一小部分悉尼民主派人士——技工和小商人——组建了一个改革联盟。他们不敢提出给予所有人选举权，所以提出扩大立法委员会的选举权范围，并就此事写了一封请愿书递交给英国殖民部。如果不是伦敦有一位颇具影响力的支持者，这份请愿书会毫无作用。这个人便是罗伯特·洛（Robert Lowe），他是位很有头脑的律师，先是在殖民地发了财，然后回英国出人头地。他在民主党的支持下，于 1848 年在委员会选举中为悉尼赢得了一个席位。他本身并不是民主党党员，但他在伦敦号召为殖民地更多人获取公民权，只是他提出的理由并不具有很强的说服力。他说，在现有的规定下，许多前科犯有选举资格，但新来的自由劳工却没有资格。普通的规定并不适用这里（流放地的一切不都是杂乱颠倒的吗？）——降低标准后，选民才更能受人尊重。

洛的提议引起了人们的恐慌，大家害怕犯人在新南威尔士选区的影响和势力，就在同时，国会通过了一份关于澳大利亚殖民地的法案。法案规定，部分立法委员会成员通过选举产生，这种方法需要推行至南澳大利亚州、塔斯马尼亚岛以及即将脱离新南威尔士州的新殖民地维多利亚。这些殖民地的选举资格要和新南威尔士的一样。

这个提案尚未被递交给上议院时，洛的观点就已经引起了人们对罪犯的影响和势力的道德恐慌，于是贵族们前无古人、后无来者地制定了更加激进的选区决策——他们将城市中的家庭投票资格降低一半，并将投票资格赋予农村租地的农民。南澳大利亚州、塔斯马尼亚岛和维多利亚州没有人要求获得此项权利，悉尼为此请愿的人也寥寥无几。上议院极大地推动了澳大利亚民主事业的发展，悉尼的名流甚至无法相信这一事实。就在1851年下一届选举时，温特沃思对刚刚获得选举资格的悉尼选举人说，他们本不应该拥有选举权。之所以这样说，是因为他排在第三位，勉强获得该市委员资格。

就在新的选举资格开始执行时，淘金热开始了。房产价格猛增，于是，越来越多的人获得了选举资格。因法律没有改动，所以悉尼（以及墨尔本）的每一位户主都有了选举资格。每一间小屋的租金都达到了每年至少10英镑。户主选举权距离成年男性选举权仅仅一步之遥。

1852年，英国政府终于宣布澳大利亚殖民地（西澳大利亚州除外）可以自治。所有立法委员会都受邀为国会上下议院草拟宪法。温特沃思负责草拟新南威尔士的宪法，那里正是关于宪法制定争论得最激烈的地方。这片殖民地已经建立六十余年，旧的秩序已经确立，人们决定坚决维护旧秩序。温特沃思宣称，他计划拟定一部"英国式"宪法，而非"美国佬式"宪法。为了抵制悉尼那些已经拥有选举权的劳工户主产生的影响，他把身为房客的年轻男性也纳入选民范围。这是一个不顾一切的策略——他给予更多人选举资格，以此来暂缓民主的发展。

因悉尼等城市是自由党派和民主派的集中地，所以温特沃思将大多数选民资格分配给农村地区。他计划效仿上议院，建立殖民地贵族政治。政府对此一笑置之，于是他改变计划，转而建立一个任命式的议院，让地方长官来挑选。他设立了两个壁垒——第一，选民名额分配不均衡；第二，上议院必须经任命才能生效——并借鉴了美国宪法，采取了最非英国式的方法，提出只有国会投票超过三分之二，才能改变选民和议院，以此防范民主制度。

澳大利亚宪法被递交至伦敦，将由英国国会颁布。负责审核该宪法的官员注意到，温特沃思没有提供任何修订宪法的普遍权利。他急于确保宪法主要条款无法被轻易修改，所以对其他条款也没有设定修订程序。于是，审核官员在宪法中补充了一条——议员对所有条款拥有普遍修正权利，只要多数议员同意，便可对其进行修订。

当时温特沃思在伦敦，对那些摧残他成果的行为表示抗议。但他有一位强大的敌人——约翰·罗素勋爵(Lord John Russell),他担任殖民地部长一职,19 世纪 40 年代时担任辉格党首相,是为 1832 年《改革法案》的通过做出了极大贡献的英雄。他希望殖民地可以自由地重新审议宪法的任何部分,所以破坏掉温特沃思设计的“三分之二策略”的这一新条款便被保留了下来。

第一届自治政府比较保守,但承诺废除有关三分之二投票数的条款。显然,伦敦的部长曾非常支持废除这一条款,如今自治政府怎能与之背道而驰?这一障碍不复存在,所以,1858 年,自由党政府便可以解决选民严重分配不均这一问题了。这对于确定民主政治来说,要比随之而来的成年男性选举权重要得多。同上议院决策、房产通货膨胀以及温特沃思制定的政策最终增加的选民数相比,成年男性选举权增加的选民数量要少很多。该措施使一些人失去了资格,因为选民必须在殖民地生活三年、在选区生活半年,才能被记入选民名册。任命的上议院被保留了下来,因为事实证明,相对于其他殖民地设立的、依据房产资格决定的选民选出来的上议院而言,它更受民众的掌控。如果新南威尔士的上议院总是违背人民的意愿,政府可以建议总督重新任命、组建上议院。

偶尔有人称澳大利亚女性之所以没有像英美的同胞

那样迫不得已奋力争取选举权，是因为澳大利亚新联邦区域的女性于1902年就获得了选举权，1909年所有州的女性都获得了选举权。不过，她们的努力是从1884年成立第一个女性选举权联盟时就开始的——长久以来，她们开了无数次会议，选出无数个代表团，递交了无数次请愿书。澳大利亚的女性不得不比男性坚持得更久，因为澳大利亚男性的选举权来得太快，几乎不费吹灰之力。

问题 3
为什么澳大利亚很早就富起来了?

19 世纪七八十年代时,澳大利亚的生活水平位居世界最高之列。这个国家能为普通人提供舒适的生活,这一点,早在悉尼尚为流放地时就已经显而易见。

新南威尔士殖民地的与众不同体现在两个方面:这里是流放地,且英国政府直接负责管理。此前,殖民地通过政府批准,以私人企业的模式起步发展。如果殖民地发展不利,或是拓荒者饿死,英国政府也全然不关心。500 位拓荒者前往英国在北美开发的第一个殖民地詹姆斯敦(Jamestown),只有 61 人活了下来。英国政府把犯人送去北美殖民地后,就不再对他们负责了,承包人在监狱大门口把他们从政府手中接走。

悉尼勋爵看到植物湾殖民地的计划上写着政府提供一年的供应配给时，立刻将配给增加了一倍，即提供两年食物。如果此项计划搞砸，他定会受到指责。除了陆军和海军官兵外，英国政府对流放至新荷兰的犯人比对其他英国公民承担了更多直接责任。一定要成功——或者至少是不能失败——让首任总督亚瑟·菲利普(Arthur Phillip)也面临很大压力。他竭尽全力确保第一舰队装配了全部有用物资，尤其是药物。他确保犯人们在航行时有新鲜食物吃，包括水果、蔬菜，一路上在各个港口也都有配给。抵达里约时，满满几条船的橘子被送到犯人所在的船只，每名犯人分得 10 个，因为橘子可以防止他们患上坏血病。航海过程中，犯人们可以在甲板上锻炼身体。他们身体一直很健康，759 人出发，只有 24 人在航海过程中去世。

虽然精心筹备，殖民地还是濒临饥荒。悉尼附近的土地不适合农作物生长，而且犯人们也不愿意做农民。尽管生死取决于农业，他们也不愿认真劳作——但事实上，他们的生死并没有取决于农业。菲利普不会让他们饿死。1788 年 10 月，他派“天狼星”号船长约翰·亨特(Captain John Hunter)前往开普敦购买面粉和谷子。菲利普向亨特推荐了最短的路线，即向西沿印度洋行驶。但亨特有其他考虑：因为海风一直是西风，所以他向东航行，穿过太平洋，驶过合恩角，然后跨过南大西洋，避开冰山，最终抵达开普敦，之后再沿印度洋返回悉尼。亨特环球航行一周，让犯人们活了下来。后来，他在开普敦的购物账单被英国政府得知。

政府计划让犯人们在公共农场亲自种粮。服刑期结束后，分给他们小块土地，种些粮食，足够养活自己和家人。如果这一计划如期执行，新南威尔士的经济就会显现出欧洲的影子，即很多年内，人们都自给自足，商业贸易在经济中只占一小部分。若要经济模式过渡到现代的动态经济，那么农业就必须进入商业界，即农民种植粮食是为了推向市场，而不是为了自给，并且农民购买来自其他产地的产品。在新南威尔士建成时，这种过渡在英国推进得十分顺利，而在欧洲其他地方，农民依然过着自给自足的生活。

1792年，菲利普离开悉尼后，殖民地由新南威尔士军队的军官管理了三年。他们把农田分给自己，取消了公共农田，把罪犯工人派到自己的土地里，用政府储备养活这些工人，再把生产出的粮食卖给政府作为储备——政府反过来又把粮食分给犯人，其中也包括那些为军官工作的犯人。身为军官的农民们在土地和劳动力上不花一分钱，而且产品市场还有保障，他们从罪犯手中收获颇丰。如今，他们种植的粮食足够养活自己了，但官兵获得了收益，英国政府却不得不买单，因为政府要花钱来购买这些粮食储备。这不是自给自足的农业，而是商品化农业在突飞猛进。

政府储备需要用英国财政部票据来购买，在伦敦，这些票据可以被兑换为黄金。因为英国政府信用非常高，所以这些票据被用来当作流通货币。官兵们作为商品进口商，要么把这些票据当作现金收款，要么用来购买那些向殖民地运送物品的船长和商人手中的货物。这些票据成为澳大利亚的首批外汇。进口商品是一般消费品，包括茶、糖、朗姆酒和烟。官兵们要么把这些商品当作奖励发给工人（尤其是朗姆酒），要么卖给犯人，犯人用外快购买。因为犯人们从政府储备中获得了基本的粮食供应，所以外快可以花在这些方面。他们以消费者的身份进入了商业圈。

犯人们不是来自自给自足的土地，而是来自世界上最发达的工商业社会。格雷丝·卡斯肯丝（Grace Karskens）提醒说，犯人们平时喝茶、吃饭用的器皿是瓷盘，不是木碗。犯人处于有利地位，可以要求生活水平达到一定标准，因为除了他们，没有人工作。他们坚决要求供应的谷物必须是白面包，因为他们不想吃玉米和黑麦面包。某些地方玉米和黑麦产量比小麦高，但如果主人想要劳工们心满意足，就必须买进小麦。澳大利亚绝不是一个人民必须使用自己种植或采集的食物的绝对先锋社会。玉米面面包和枫糖成为美国殖民地人民饮食的一部分；澳大利亚早年间的饮食则有白面包（或传统苏打面包）、茶、糖和朗姆酒，其中茶、糖和朗姆酒通常是进口的，有时小麦也是进口的。这些食物的人均消耗量均超过英国。犯人比英国国内下层社会的人有更多机会享受美食。

至于流放地悉尼的生活水平如此之高的原因，简单回答就是：官兵想赚钱，犯人工作只为了喝到朗姆酒，而他们成功地让英国纳税人支撑起了这些生活方式。

殖民地进口贸易日益繁荣，其贸易伙伴主要是印度和中国。1800 年，和亚洲共生是现状，不是口号。那时，印度商人已经开始在悉尼做生意。所谓的流放地里冒出个商业中心——这真是个难解之谜！（我们在上一章已经看到，有好几个原因让我们质疑“流放地”这一叫法到底是否合适。）

英国政府意识到这些官兵在以牺牲政府的方法来治理殖民地，所以对他们的诡计产生了警惕。政府希望官兵供养犯人奴仆，支持继续开放公共农场，并且花了很长时间管控住这些官兵，从此，公共农场再也没有成为经济的核心机构。偶尔开放公共农场，目的是雇佣过剩的犯人，或者实现某种妄想——英国政府认为如果犯人自己种植粮食，政府就可以减轻负担。

于是针对私人雇佣的犯人，相关规定改为主人要根据官方配给供养他们。政府储备继续供养在政府行政部门工作以及从事公共事业工作的大量犯人，其中包括在医院、监狱工作的犯人，以及所有的文官和军官，及其家属。政府供养新来到这片土地上的殖民者，并为其提供基本生活所需。此外，政府储备还用于购买政府所需的一切物品和设备。政府储备所提供的市场是殖民地繁荣的关键因素，为其购买行为发行的财政部票据在之后的多年里依然是主要外汇来源。据经济史学家诺埃尔·巴特林（Noel Butlin）估算，1788 年至 1822 年间，英国平均财政支出约为殖民地国内生产总值的三分之二。

英国政府一直希望削减政府储备支出，但从未掌握政府储备的管理方式。那里有明目张胆的欺诈——负责管理政府储备的官员做起生产饼干的生意，其所有原材料都取自政府储备，收益却装进他自己的口袋。总督为当地行政拨款的惯例做法不是向当地居民收税，而是分给官员一个或多个犯人，这些犯人则由政府储备出资供养。官员（可能是警察，也可能是监工）不需要犯人为他打工——他把犯人租给他人，而后收取租金，或是允许犯人们从事商贸活动，收益归他。通过这种方法，英国财政部对殖民地的补贴就增加了。

英国政府财政投入稳定，虽然被新南威尔士大量占用，但没有在西澳大利亚州的先锋殖民者身上赔钱。西澳大利亚殖民地建成于1829年，是自由殖民地，发展不景气；经历了20年，人口也仅有5 000人。甚至找到了土地的高产方法后，地主们也很难留住劳动力。1850年，通过索要和接收犯人，他们得到了双重利益：一是无法向东方逃亡的廉价劳动力，二是英国政府的财政投入。

只有继续接收犯人，新南威尔士才能享受到英国政府的财政投入。拿破仑战争期间，遣送的犯人数量急剧下降（他们被征召入伍，加入陆军和海军），金总督（Governor King）听从命令，大幅度削减支出。1815年战争结束之后，犯人重新被输入，但当时悉尼的商界面临着一场危机。如果找不到替代财政部票据的外汇，经济就会萎缩。

猎捕海豹成为救星，这一产业提供了海豹皮和海豹油供出口。金总督支持该行业的发展。这个行业并不复杂：男人们拿到配给，被带到岛上，在岛上用棍棒把海豹打死。因这个过程中需要船，所以猎捕海豹刺激了悉尼造船业的发展。犯人不能被送去参加猎捕海豹的远征，原因自不用说：这是自由劳工的生意，他们中大多数是前科犯。

通过为官员打工挣得第一桶金的前科犯在猎捕海豹方面表现十分突出。他们精明谨慎，渴望成功，不愿成为被排斥在新南威尔士以外的商人。詹姆斯·安德伍德(James Underwood)为海豹基地造船，亨利·凯布尔(Henry Kable)组织了捕猎团体，西米恩·罗德(Simeon Lord)在伦敦出售海豹油和海豹皮。这三位前科犯让“流放地”一直活跃于商业界，并使得这里保持着较高的生活水平。

当海豹几乎被捕到灭绝的时候，捕鲸成为政府储备之外的主要外汇来源。就在新南威尔士建成时，捕鲸业在南大洋兴起。最初的捕鲸者是英美人，他们把悉尼和霍巴特(Hobart)当作补给站和维修点，这对当地经济十分有益，但鲸油不是澳大利亚的出口商品。19 世纪 20 年代，澳大利亚的商人开始参与这一行业，他们的优势是其基地距离捕鲸场近。但在这一行业，距离并不是问题，杰弗里·布莱尼(Geoffrey Blainey)曾在《距离的暴政》(*The Tyranny of Distance*)一书里提出过这样的观点，这本书中有一章专门讲了猎捕海豹业和捕鲸业，其观点引起很多人共鸣。曾有一些人最先提出，在 19 世纪 30 年代中期之前，澳大利亚外汇的主要来源是海洋捕捞，而不是羊毛业，布莱尼就是这些人中的一位。

羊毛业的迅猛发展始于19世纪20年代。截至1850年，澳大利亚大陆东南部的所有肥沃土地都被羊群占据，相对较差的地方被用来养牛。绵羊放牧产业相当高效。资金一定要投在羊身上，基本无需投在他处，而且这个产业的妙处在于资金可以自我繁殖，因为母羊每年都会产下小羊。因土著居民曾采取火棍耕作方式，所以草地十分开阔；牧羊无需围起栅栏；房屋也是最简单的类型，用树皮做屋顶的小木屋即可，这也是从土著居民那里学来的。因为气候温和，所以即便是冬天，羊也不需要待在室内。

最初，牧羊人夜间把羊群圈在木屋周围，这样可以免遭澳洲野狗侵袭。但这些羊圈凌乱不堪，会伤害羊毛，而且院子周围的草也被踏平了。于是，人们晚上就把羊群分开，要么用临时的篱笆把它们圈起来，要么在外成群散养。看守人睡在可以挪动的空箱子里。

人们通过增加每个牧羊人看羊的数量来降低人工成本。19世纪20年代，每个牧羊人看管300至350只羊，1850年时数量增加到了1 000只。这样一来，羊只丢失的风险增加，可能会有更多犯人因为丢羊而受到鞭刑。虽然殖民发展速度非常快，但远未发展到犯人能够去法院和地方法官那里上诉的程度，而如果受到鞭刑，他们确实需要上诉。总的来讲，新南威尔士早期生产力发展水平较高，因为处于就业年龄的单身男性比率很高，非法占用的地区近乎全是男人的领地。从事牧羊业的人不需要供养家室。非法占用的地区有土著妇女，欧洲男性经常找她们释放性欲，有些是两情相悦，有些则是强奸。

殖民可以发展到内陆腹地是因为羊毛重量轻，价值却极高，因此完全能担负得起用牛车运到沿海地区的长途运费。海运至英国的运费则更加低廉。从港口返回时，牛车载满用来供养和安抚劳动力的面粉、茶叶、糖以及朗姆酒。大分水岭(Great Dividing Range)以西的大片地区被欧洲人殖民后，立刻成为了商业界版图中的一部分。美国的殖民者向西跨过阿巴拉契亚山脉后，迫不得已做起了自给自足的农民。为了保证手中土地的所有权，他们放弃了商业社会和工资。直到运河的修建将他们与美国东部联系起来，蒸汽船应用于中西部的各大水系，他们与世隔绝的状况才结束。澳大利亚的历史进程当中则未曾发生这种与世隔绝的情况。

澳大利亚的经济发展不需要吞并落后、毫无价值的农村地区。后来在牧场上发展起来的农业也是商业性农业。澳大利亚最伟大的历史学家基思·汉考克(Keith Hancock)称澳大利亚生来就是现代化的。对比之下，美国在一定程度上仿照了欧洲历史。曾经自给自足的地区，在语言和习俗方面有很多区域性差异。有些殖民区很长时间以来一直没有进入商业界，即便机会唾手可得，他们依然无动于衷。其结果就是产生了很多粗野之人、乡下人以及乡村音乐。

羊毛业本身并不是殖民地不断繁荣壮大的唯一因素。因羊毛业的迅猛发展，中产阶级离开英国，携带资产移民澳大利亚，英国的遗孀把积蓄存入澳大利亚银行，商人们以投机心态运出进口商品，工人们则受到高薪水和三餐都有肉的诱惑。政府售出更多土地，期待地价上涨，土地收益将更多的工人带到殖民地。詹姆斯·贝利奇将这一过程定义为“爆炸式殖民化”(explosive colonisation)。

这一阶段，澳大利亚受到的最显著的影响是墨尔本得以发展，它是菲利普港湾的港口，后来发展成为新南威尔士一处擅自占用地区。墨尔本建成于1835年，历经15年发展，人口增加到23 000人，可以说是一个速成式城市。菲利普港湾沿用了澳大利亚模式：三分之一人口居住在墨尔本，这里不仅仅是羊毛港口，更是行政、商业和制造中心。单单建造这个城市就提供了许多就业机会。

开阔的草地成为优质资源，但在资源丰富的国家，经济发展依然可能迟缓。某种资源的主人可能会对该资源进行封锁,完全不顾他人的利益。在阿根廷大草原上放牛的人们成功地封自己为这片草原的主人,因此成为民主和经济发展道路上的重要障碍。因阿根廷和澳大利亚资源环境相似,结果却穷困潦倒,所以人们经常拿它与澳大利亚作比较。

在澳大利亚,擅自占用土地的人曾试图将资源封锁,但以失败告终。起初,他们无权拥有这些土地(因此才称他们为"擅自占用土地的人")。1836 年,伯克总督意识到无法阻止争相抢占新土地的行为,所以他对擅自占用的土地征收年度许可使用费,将其合法化。擅自占用土地的人想要的不是年度许可,而是更进一步的安全保障,他们宣称自己改造了荒原,所以就应该获得土地的所有权。他们在殖民地发起运动,并在伦敦进一步提出诉求。1847 年,政府妥协,允许他们拥有 14 年租期。

擅自占用土地的人表示满意,但这不是完全的胜利,因为他们的土地使用权要在 14 年后重新进行评估——这正是英国负责殖民地事务的国务大臣格雷伯爵的目的。他向来认为殖民地的土地不应该落入幸运的先来者手中。1831 年,时为豪伊克子爵的他曾负责制定政策,规定澳大利亚土地应对外出售,不应赠送。格雷伯爵也没有忘记最初生活在这片草地上的人,所以牧场的租赁协议中有一项条款,允许土著居民继续在这里狩猎。但这并没能保护他们免受擅自占用土地之人的凌辱,1996 年,维克高等法院对最初的擅自占用租赁条款进行了解释,称在草原租赁期内,土著居民仍拥有土地的持续使用权利。同马博案件后颁布的首个土地权利规定相反,草原租赁没有完全剥夺土著居民的权利。

1851 年,也就是租赁协定颁布四年后,淘金热爆发。在集中了大多数淘金工人的维多利亚,金矿区附近的优良土地都被纳入擅自占用土地者的手里。这对于打算用赚来的钱购置土地的人来说绝对不可容忍,因为他们想在新型的掘金城市投资或是满足那里的食物需求。拉筹伯总督发现租赁协定中存在一个漏洞:政府可以收回土地,用作公共用途,如修建城镇、铺设道路等,"或者用于促进殖民地的完善以及人员安置等方面"。根据这一条款,他从擅自占用土地的人手中收回数千英亩土地以设立"农业储备区",这些土地经过细分后经拍卖出售。擅自占用土地的人勃然大怒,上诉至伦敦,结果是殖民局支持总督的行为。

黄金这一了不起的新资源对所有外来者开放,任何人只要缴纳许可费便可去掘金。这一制度由菲茨罗伊总督(Governor FitzRoy)手下的最高官员、殖民地大臣迪斯·

汤姆森(Deas Thomson)制定(这里不要把他和伦敦负责殖民地事务的国务大臣混淆,汤姆森向国务大臣负责)。该项皇家资源的民主处理方法受到许多殖民地大地主的反对,其中以羊毛业先锋之子詹姆斯·麦克阿瑟(James Macarthur)为首。他们认为,在金矿得到合理考察之前,所有人都不得接近,考察之后才可以租赁给私人公司。

汤姆森手下没有官兵可以将已经在挖矿的掘金者驱逐走,他也没打算这样做。他草拟出在小片土地上颁发许可证的规定,并指派一位经验丰富的地方法官制定政策。一切进展得十分顺利,维多利亚也照搬了这个规定,采用了小片土地实行颁发许可证的方法。但这里土地面积非常大,许可证的严格控制最终引发了尤里卡栅栏(Eureka Stockade)反抗事件。结果,金矿管理事务被交给淘金者选出的组织机构,他们坚持要求平民可以掘金。

发现金子的消息一传到英国,人们争相成立公司,意图接手澳大利亚的金矿。其中一些公司是骗人的,真正能派去代理商和管理人员着手工作的公司少之又少。他们没有受到礼遇,尤其是在维多利亚。他们希望能分配到部分金矿,但维多利亚总督不敢惹恼淘金者,所以拒绝了他们的请求。这些人及其委托人从未见过如此景象——英国资金在英国殖民地遭到藐视!

因金矿一直握在淘金者个人手中，所以收益迅速遍及各地。淘金收入除用于酒吧和妓院外，直接流入了小型企业、农业和建筑业。在南澳大利亚州，农民及其子孙从金矿回家后购置了更多土地，因此那里的农业得以迅猛发展。但这些收入没有输出国外。发现新矿的人可以立刻开始挖掘工作，所以鼓励了人们去探索更多金矿。

淘金真正引发了爆炸式殖民化。10 年后，维多利亚的人口增加了 7 倍，墨尔本增加了 5 倍。悉尼在过去 40 年中始终是澳大利亚最大的城市，但自此墨尔本取代了悉尼的位置。澳大利亚的人口从 40 万增长到 110 万。相比较人口增长速度，经济发展速度更为迅猛，其结果就是 19 世纪 50 年代末较 50 年代初，澳大利亚的生活水平也有所提高。接下来的 20 年里，外汇的主要收入来源一直是金子，而不是羊毛。

沙金开发殆尽时，淘金者不得已承认他们需要把竖井挖得更深，而且需要把黄金从石英里砸出来。英国资金被吓跑了；这些公司规模很小，且只能在一个地点发展业务，其股东不仅有墨尔本投资者，还有金矿所在地的居民以及矿工。19 世纪 80 年代，英国金矿投资在昆士兰州的查特斯堡（Charters Towers）开始显得尤为重要，90 年代西澳大利亚的矿井也开始需要英国投资。澳大利亚人控制贵金属且利益全归他们自己所有的日子一去不复返了。

*

英国政府及当地官员决意保持资源开放，这样一来，结果就是经济更加生气勃勃。19 世纪 50 年代中期获得自治权力后，依据成年男性选举权制度选举出的自由党政府下定决心终结擅自占用土地者对土地的控制。14 年的租赁即将到期。“开放土地”是群众的呼声。19 世纪 60 年代初期颁布的《选地法案》(*Selection Acts*)是政府首次颁布法令尝试帮助平民获得土地所有权，但令人沮丧的是最终未能成功。历史书中总是重点强调这次失败，但他们取得的长期成功却经常被忽略。

我们看到，在维多利亚被擅自占用的土地已经在拍卖出售，这使得金矿附近的农田面积急剧增加。不过，只有富人才能提前付钱购买农田；对于没有所需资金的人，政府提供赊账方式。难处在于，擅自占用土地的人可以雇人按以上条件购置土地，然后再把土地转移到自己名下。这些被雇的人就是“傀儡”。维多利亚西部区域大片的肥沃土地都通过傀儡回到了擅自占用土地的人手中。这部新的土地法令只是让土地的承租人变成了土地的主人。但土地改革者坚持不懈，并及时制定了政策防止他们私占土地。新南威尔士和维多利亚采取的措施总结如下：

《选地法案》推进措施

1. 禁止或限制公开拍卖出售土地。拟定《选地法案》的原因是拍卖出售土地时，平民无法通过竞争胜过牧民和投机者，但自由党政府和民主党政府继续拍卖土地，因为这是非常简单的筹得资金的方法。

2. 傀儡手段——即擅自占用土地的人利用平民为自己选择土地——难以实施，因为政府要求选地者只有在这片土地上居住并对其改良多年才能拥有土地使用权。维多利亚早期法律规定只要资金充足，选地者就可以即刻拥有土地所有权。这也就意味着私占土地的人只需雇佣傀儡几天便可拥有土地。傀儡可以选好土地，交了钱，再转给私占土地的人。但如果私占土地的人要在雇佣傀儡很多年后才能获得土地所有权，风险就增加很多，成本也会增加。

3. 选地者的还款条款更加宽松，最后采用了低租金租赁方法。也就是说，选地者可以承租更多土地，并把更多资金花在土壤改良和机械方面。

4. 采用更有效、更灵活的管理程序。成立土地委员会核查所有土地申请，这样可以筛掉傀儡，减少私占土地者对当地法律实施的影响。土地部部长获得了更多权力，如果他们认为选地过程不真实，可以取消选地资格。事实表明，同把违法者告上法庭相比，这样做效率更高。

这些举措都取得成效后，政府开始对《选地法案》实施前期积累的大规模土地资产征税，然后回购，再分成农田。其结果就是第一次世界大战前，澳大利亚形成了一条巨大的家庭农场小麦带，它横跨维多利亚州位于大分水岭北部的整个区域，沿大分水岭西坡直入新南威尔士州，并遍及中部平原。南澳大利亚州从一开始就是以种植小麦为主的殖民地，小麦产量在1881年被维多利亚州超过，1897年被新南威尔士州超过。自此发展起来的是非常高效的商业性农业，粮食主要通过机器收割，大片区域的粮食产量得以提高，比牧羊养活了更多人口。民主党终于改变了土地所有权模式。事实上，那时候人们仍然牧羊，只不过是作为混合农业体系的一部分在小麦农场的边缘进行。

只有开通铁路，大分水岭以西才能种植小麦。小麦是“重量级”产品，用牛车运输的话，可能走不了太远，其价值就消耗殆尽了。如果当初是私占土地的人掌控土地，那么他们就会是小麦种植这个新机会的受益人，他们会像阿根廷大草原的地主一样，开通铁路后把土地租给佃农。这样会对经济发展产生不同影响吗？是的，在民主政治制度下，家庭农场主比佃农消费多，并能够更好地保护和开发农业。

殖民地政府修建了铁路，并由其进行管理运营。这是他们推进的公共事业中最大的项目，他们为此自 19 世纪 50 年代开始向伦敦借了巨额钱款。这是一个圈套。如果这项投资没有高效产出，经济发展就会受阻。但经济势头并不乐观。殖民地国会议员对政党忠诚度很低，每位议员都在为自己所在选区争取更多政府资助，也会相应地选择支持或不支持内阁，因此内阁更替十分频繁，这完全在意料之中。

政府在同意修建铁路之前对铁路收益进行了评估，但评估过程中存在着不确定性。国家铁路一定要赚钱还是不赔本即可？还是说交通改善，总收益增加，所以其损失可以承受？那时，以上这几个因素都曾被考虑过，其趋势是愈加倾向于最后一条。关于这些投资的成效，近代经济学家采取了不同的标准,得出了不同结论。有人会怀疑,殖民地时期有多少私人投资和公共投资会通过现今经济学家的考验。贝利奇曾提醒我们说,繁荣过后,殖民地萧条接踵而至。爆炸式殖民主义受到了人们的高期待值,甚至可以说是疯狂的期待值的影响,没有经过收益分析。

关于殖民地铁路修建问题,我们不会考察哪些地方的贷款装进了阁僚的口袋,哪里得到了资助但没有修建铁路,哪里修建铁路时使用的是不合格材料,差价被承包商纳入囊中,还有这项制度在哪个地方毫无收效。在每一片殖民地,负责修建铁路的工程师都经常得以连任,其连任情况甚至比阁僚都要好很多;他们自己对铁路发展有全面计划,完全可以怒目凝视诸位政客。

新南威尔士和维多利亚的工程师可以说太过强势了,他们始终坚持按照英国最高标准修建铁路。而这恰好与政客的意愿相违背,他们希望修建更快捷轻便的窄轨铁路——窄轨铁路更适合艰苦的环境,因此需要的土木工程也相对较少。昆士兰州的工程师倾向于窄轨铁路,因为这里资源较少,有许多港口需要与内地相连,窄轨铁路对于这片殖民地来说大有益处。南澳大利亚州也改用了窄轨铁路,以服务于两个海湾内的港口,然后用阿德莱德(Adelaide)附近的老旧铁路线(这里并不是窄轨铁路)将其合并成一个交通网。在新南威尔士和维多利亚，主干线建成之后，政客们才互投赞成票支持修建支线。19 世纪 80 年代，在面积最小但最富有的殖民地维多利亚就发生了这样的事，但在铁路修建的前 30 年，这样的情况是不合规矩的。总之，铁路修建模式更具有一致性，相比之下，议会内的个人和党派操控则局面混乱，无法预料。

英国任命的总督保证了澳大利亚政府的清正廉洁。在尚未自治时，实质上总督就是政府首脑，负责各部门的英国官员由总督管理。自治后，有了对国会负责的州长和内阁成员，但总督职位没有取消，他们仍是政府里的活跃人物，绝不是有名无实的领导者。所有重要任命及财政支出都要通过总督主持的内阁委员会即执行委员会(Executive Council)批准。如果总督认为政府管理上出现了一些错误，他们还要对内阁和官员进行问责。

传记《1788 年—2010 年新南威尔士的历任总督》(*The Governors of New South Wales 1788—2010*)一书中明确讲述了总督的活跃程度。1904 年，一位即将卸任的州长向所在党派推荐了两个人，认为他们可以继任州长职位。但罗森总督(Governor Rawson)拒绝"派人去请"这两位，因为一位不可靠，另外一位是个酒鬼。

或许新南威尔士政府最需要总督的关心，不过所有的殖民地议会同威斯敏斯特相比都是胡闹，且阁僚经常毫无从政经历。英国总督及其上司殖民局负责审查殖民地议会。

大量贷款并用于“开发殖民地资源”，这就是殖民地的共识性政策。商人喜欢其带来的经济刺激以及潜在利润，农民和乡镇渴望修建铁路，小承包商（通常是农民）在当地的市政工程中承包到项目，于是工人得到工作。因为工人也有选举权，所以他们可以向政府施压，希望政府在提高福利待遇方面做带头人。铁路、供水、港口和海湾都是殖民地最大的产业，均由政府管理。如果能成功提高这几个领域的福利待遇，将意义非凡。

关于在移民方面的财政支出，殖民地的政治家们存在分歧。因为澳大利亚距离英国路途遥远，相比之下，移民去美国和加拿大则要便宜很多。除非政府资助路费，否则移民去澳大利亚的费用十分昂贵。农民和商人抱怨劳动力匮乏，劳动成本高，希望政府在移民方面多投入资金。工人则希望限制移民，或是维持现状，不再移民，这样劳动力就不会猛增，所以工人阶级选区的议会候选人必须反对移民。

英国治理殖民地时，出售土地获得的钱款有一半用作移民专款。自治后，殖民地获得土地管理权，并自己掌控土地收入。对于政府而言，官员十分希望把出售土地所得收入用于政府运转中的一般事务。他们抛售资本资产，虽然销售量增加了，但税款可以保持较低水平。后来，出于自身原因，政府倾向于采取工人阶层持有的那种对移民的否定态度。昆士兰州经济稍欠发达，城市里的工人不那么集中，它是唯一一个保留了接收大量移民计划的殖民地，维多利亚和南澳大利亚州则同时停止接收移民。在美国，大量移民涌入东部沿海城市，工资微薄；相较之下，澳大利亚工人们施加的政治压力，确保了澳大利亚不会步美国后尘。

从 19 世纪 50 年代到 1890 年淘金热期间，澳大利亚基本上实现了普遍富裕，畜牧业继续发展，虽然正在悄然退出小麦带，但仍然是整个国家的首要产业。人们投资修建栅栏，所以不再需要牧羊人；投资修建水坝，所以承载能力提高，因此先前已经有所提高的生产力更加进步。1870 年开始，羊毛再次成为主要出口商品，紧随其后的是金子和新起之秀——小麦。

正是在这期间，澳大利亚的生活水平超过了英国，位居全世界前列。衡量生活水平的标准相当原始，即人均国内生产总值。这一标准并不能体现出社会内部的收入分配情况，也不能体现不同社会的标准差异。幸运的是，有其他标准能够让我们自信地说那时的澳大利亚工人的确拥有全世界最高的生活水平——我们在前面已经了解到，工人通过政治施压在一定程度上保证了自身的生活水平。

工人们每年通过节日，即“八小时日”，来庆祝自己收获的美好生活。1856年，悉尼和墨尔本的建筑工人通过一致行动和几次小罢工获得了每日工作八小时的权利——这是全世界享受到该权利的首批工人。对于这一要求，建筑承包商比较容易让步，因为建筑业没有进口商品与其竞争。但其他技术工人和无技能的工人不得不更加努力抗争，过了很久才获得每天工作八小时的权利。每年工会成员都会在街上游行，手中高举横幅，以此庆祝他们获得的首次胜利。该游行既是在庆祝八小时原则——八小时工作，八小时娱乐，八小时休息，同时也是要求所有工人都要获得这一权利。这一天成了公共节日，人们聚集在街上观看游行。整个社会都希望澳大利亚为工人提供更好的生活。

*

19世纪80年代是澳大利亚繁荣的最后十年。大约自1890年起，经济萧条，1895年开始了历时长久的旱灾——

俗称联邦大旱灾(Federation Drought),经济进一步恶化。从此,澳大利亚再也没有享受过全世界最高的生活水平。经济衰退加上政府的对策,让澳大利亚踏上了近百年之久的公共政策的道路。关于公共政策对经济运行的影响,存在大量争议。

19 世纪 80 年代,工人中泛起一股新的精神潮流。此前,工会都是小团体,成员仅限于技术工人,影响力仅限于当地;如今,工会数量猛增,影响力发展到半技术工人和无技术工人当中,且跨殖民地的工人也包含在内。工人举行过多次罢工,大多数罢工时间短,颇有成效。工会会员通过劳工贸易委员会等正式组织进行抗争时会彼此直接提供帮助和支持,也会抵制非工会会员制造的商品。当阿德莱德港的海员同意从工资中拿一部分钱给墨尔本正在罢工的靴匠时,工人中间又产生了新的纽带。

19 世纪 80 年代,工会和劳动组织是一种全球现象,除澳大利亚外,美国、英国以及西欧也涌现出大量劳动组织。这一运动同 20 世纪 60 年代的女性解放和黑人解放运动类似。人们希望从此以后再没有老板剥削工人,取而代之的是某种社会主义团体,这样的愿望鼓舞着大家。工人知道自己成为全世界运动的一分子,因此获得力量,信心倍增。1889 年,伦敦码头工人得益于澳大利亚工人的捐赠,罢工成功，工资待遇得以提高。

截止到1890年时，澳大利亚工人中工会成员比例为全世界最高。这是因为澳大利亚的工资待遇最差吗？不，是因为他们的待遇最佳。社会向工人们提供了如此富裕的生活，因此身在其中的工人们相信他们还能得到更多。

1890年，这些希望开始破灭。各个工会误入一场海员罢工，后来近乎发展为全面罢工。罢工始于沿海船只，发展到码头，再到陆运业、煤矿以及修剪羊毛的工棚。煤炭供应短缺，铁路和街头的瓦斯照明也受到影响。工会要求坚持所有工人必须属于一家工会的原则，所以老板决定打赢这场战役。他们拒绝同工人协商，于是雇佣非工会会员，这样的做法是受到警方保护的，十个星期过后，工会被迫让步。政府曾宣称在这场战役中保持中立态度，但对于工会会员来说，使用警力保护非工会工人就是在偏袒对方。工会会员除了感受到失败的耻辱外，最为愤怒的是政府支持老板的行为。这全然不是新世界。

工会成员对此作出的反应就是要更加坚定地推行计划，成立自己的政治党派，不再重蹈覆辙。1891年，新南威尔士的工党首次抛头露面时取得的成绩非同凡响——赢得四分之一的选区，均衡了自由贸易派和贸易保护派的力量。

罢工引起纷乱和不快，许多中产阶级人士因此而烦恼。他们或许并不完全同情工会，但确实不赞成政府对他们的镇压方式。这些因素的推动，巩固了更加进步的自由党派在殖民地政治活动中的地位，这些人既包括自由贸易商，也包括贸易保护主义者。他们制定方案，通过强制仲裁解决劳资纠纷，这样整个社会就不会再因罢工而瘫痪。

进步的自由党派受到工党的大力支持，在殖民地末期的政治活动中以及 1901 年之后的新联邦中，成为中坚力量。虽然工党对强制仲裁存有疑虑，但还是签署了协议。19 世纪 90 年代，工会一败涂地。1890 年的败仗过后，紧接着又在 1891 年和 1894 年的两次剪羊毛工人罢工以及 1892 年的布罗肯希尔(Broken Hill)罢工中失利。或许工会靠自己努力永远也无法产生政府仲裁所带来的那种影响。1904 年，联邦仲裁法院(Commonwealth Arbitration Court)成立。该法院没能成功阻止罢工的发生，但其判决为整个国家设定了详细的行业薪资待遇标准。

联邦成立初期，工党迅速壮大。其关注的焦点是提高工人薪资水平，在实行自由贸易还是贸易保护这个让另外两党发生对立的问题上，工党持中立态度。当保护主义带头人阿尔弗雷德·迪金(Alfred Deakin)提出通过企业提供体面薪水的做法来保护当地企业时，保护主义便赢得了工党的支持。于是，在工党的支持下，迪金政府于1908年通过了一项保护性税则。1921年和1930年，关税壁垒进一步提高。

初级商品生产者因关税壁垒而遭受损失；他们面向全世界销售商品，却要付高价才能从当地受保护的企业购买物品。一战期间，乡村党(Country Party，国家党[National Party]的前身)成立，希望削弱保护主义。乡村党很快意识到这项事业注定会失败，于是便勉强接受了"全面保护"，也就是说，政府为初级商品生产者提供营销方案和补贴。

20世纪八九十年代，联邦废除了这些稳定政策。政府削减关税，不再扶持初级商品生产者，取消国家固定工资，采用企业层面工资商议方法。自由贸易和开放经济成为新的稳定政策，受到大多数经济学家的肯定。在接下来的20年里，经济增长速度空前。经济学家草拟了澳大利亚经济表现史来支撑他们的观点：

1890年前	1890—1980年	1980年后
开放经济	封闭的保护经济	开放经济
增长速度快	经济萧条	增长速度快

本章我主要引用了《澳大利亚的繁荣之路》(*Why*

Australia Prospered)一书的思想,该书作者伊恩·麦克莱恩(Ian McLean)对以上观点提出质疑。首先,经济发展只是速度缓慢,并非萧条——澳大利亚并没有像阿根廷一样没落。国家的发展取决于世界经济形势,澳大利亚这样严重依赖出口的国家尤其如此。19 世纪以及近期,正处于世界市场开放时期,澳大利亚繁荣发展。两次世界大战期间,世界市场封锁,那么其经济发展缓慢也就不足为奇了。在这样的情况下,在贸易壁垒之下发展制造业并非误入歧途。制造业是个巨型工厂,可以养活人口,而且尽管如今有人评价低能产业受到保护主义的庇护,但在 20 世纪五六十年代,澳大利亚工厂成为巨大的商品出口商。霍顿(Holden)汽车出口至南非、新西兰以及东南亚。虽然近几十年来,澳大利亚在矿产出口方面表现突出,但依然发展制造业,把它作为繁荣期殆尽时的经济缓冲,似乎并不是坏事。

类似地,关于工资的中央控制,麦克莱恩没有找到明确案例能够证明这样做严重阻碍了生产力的发展,尤其是考虑到小规模的国内市场时。总之,他不认为当代专家的方案必然好,也不认为相反的策略必然糟糕。

问题 4

为何澳大利亚殖民地结成了联邦?

19 世纪末,人们曾三次尝试将殖民地结成联邦。1883 年,维多利亚第一次提出结成联邦,但后来只成立了联邦委员会(Federal Council),委员会没有实权,而且也不是所有的殖民地都加入其中。第二次努力是在 1889 年,由新南威尔士州州长亨利·帕克斯(Henry Parkes)个人发起;1891 年,联邦大会(Federal Convention)成立,草拟了联邦政府宪法,但没有被采用。

第三次尝试是在 1893 年墨累河畔科罗瓦(Corowa)举行的联邦党会议上,联邦派策划让殖民地人民负责会议全程。他们要选出代表,参加新的制宪会议,草拟宪法,获取人民群众的许可。尽管整个过程断断续续,但该策划还是取得了成功，重要历程见下方年表。1901 年，在悉尼百年世纪公园（Centennial Park），在众人的见证下，联邦宣布成立。1901 年 5 月 9 日，王位继承人约克公爵开启了首届联邦议会。

联邦历史年代简表

1883 年	因害怕德国和法国在太平洋的所作所为，在悉尼召开殖民地内部大会。同意成立联邦委员会。
1885 年—1886 年	联邦委员会成立，立法权力弱，无行政权力。新南威尔士州和南澳大利亚州拒绝加入。
1889 年	新南威尔士州长亨利·帕克斯呼吁成立大会，拟定宪法。
1890 年	殖民地内部会议在原则上同意结成联盟，建议召开大会。
1891 年	殖民地议会选举成立联邦大会，草拟宪法。
1891 年—1893 年	殖民地议会漫无边际地讨论宪法。帕克斯无法取得新南威尔士议会的支持，其提案被搁置。银行和金融机构破产，经济普遍萧条。
1893 年	新南威尔士和维多利亚成立联邦联盟（Federal League）。联盟会议以及总部位于科罗瓦的澳大利亚本土居民协会（Australian Natives' Association）提议民众选举新一届大会，并对大会通过的宪法进行公投。
1894 年	新南威尔士州州长乔治·里德（George Reid）支持选举新一届大会。

续表

1895 年	州长会议同意科罗瓦议程。
1897 年	新南威尔士州、维多利亚州、南澳大利亚州以及塔斯马尼亚岛选举出 10 位代表参加大会，西澳大利亚州议会任命代表，昆士兰州态度依然冷淡。
1897 年—1898 年	大会分别在阿德莱德、悉尼和墨尔本召开，采用宪法。
1898 年	维多利亚州、南澳大利亚州和塔斯马尼亚岛公投通过宪法；在新南威尔士州，支持者以微弱的票数优势胜出，但没有达到规定的最低 80 000 票。
1899 年	州长会议修改宪法以满足新南威尔士州的要求（首都将设立在此州）。新南威尔士州、维多利亚州、昆士兰州、南澳大利亚州以及塔斯马尼亚岛公投通过修宪。
1900 年	埃德蒙·巴顿(Edmund Barton)、阿尔弗雷德·迪金、查尔斯·金斯顿(Charles Kingston)、詹姆斯·迪克森(James Dickson)以及菲利普·菲什(Philip Fysh)分别代表各个联盟殖民地监督殖民局和英国国会通过了宪法。维多利亚女王同意《澳大利亚联邦法案》(Commonwealth of Australia Bill)。西澳大利亚州公投通过宪法。
1901 年	在悉尼的百年世纪公园，联邦宣布成立，巴顿等部长宣誓就职。首届联邦议会在墨尔本召开。

刚开始研究联邦制度时，我发现人们这样描述它与民族主义的关系：联邦政府增进了民族情感，但不是民族情感产生了联邦政府。对此，我持相反观点，我认为没有民

族情感，就不会产生联邦政府。

非民族主义的观点认为，联邦政府主要就是一场商业交易——成立联邦政府，殖民地间可以进行自由贸易，澳大利亚形成共同市场，经济利益是其头号催化剂。真正参与此项工作的政治家们在演讲中援引了“国家”一词，但只是用来粉饰门面。制宪会议就是政治交易市场，各位首相及其团队的目的是保护各自殖民地的利益。看看大会代表的照片，你就会知道，这里没有贵族——他们都是身着西装、留着胡子的中产阶级，是白种男性中可怜的小团体。

这种观点似乎更有说服力，因为联邦制度不曾在民族意识中表现出来。如果我们都不记得联盟，那么对于国家生活来说，它就是无足轻重的。众所周知，澳大利亚的发源地是加利波利(Gallipoli)，其民族英雄不是亨利·帕克斯，也不是埃德蒙·巴顿，而是内德·凯利(Ned Kelly)、唐·布拉德曼(Don Bradman)和菲尔·莱普(Phar Lap)①。2001年，澳大利亚庆祝联邦建成100周年时，电视广告滚动播放，告知大家第一任总理是埃德蒙·巴顿。

为纪念联邦建成100周年，我写了一本书，名为《感性

① 三人分别是澳大利亚著名作家、板球运动员和赛马选手。——译者注

的民族》(*The Sentimental Nation*),旨在反驳人们对联邦制的这种观点。以下是我收集的论点:

如果联邦制是生意场上的交易,为什么墨尔本的财团要反对?

这是我早期的一个发现,我认为这个问题具有决定性意义。墨尔本是最大的城市,是六个殖民地的金融中心。墨尔本在里弗赖纳(Riverina)投资修建了牧羊站,在布罗肯希尔(Broken Hill)开发矿业,在昆士兰州养牛种甜菜,还在塔斯马尼亚岛的西海岸采矿。如果某些城市的财团本应支持联邦制,那么墨尔本必在其中。

下面讲讲我的发现过程。研究联邦制,我决定从通读《每日电讯报》(*Daily Telegraph*)开始,因为这家悉尼报纸反对联邦制,所以我认为能从中发现有关这一老生常谈之话题的新鲜观点。我来到维多利亚州图书馆,阅读大本的原始过刊。

其中一期报纸上刊登了一篇短小的新闻,文中报道了一次跨殖民地商会,会上似乎讨论了联邦问题。但这篇报道有些奇怪之处,于是我决定查阅墨尔本的会议记录。我根据目录得知州图书馆就存有这些记录,而且就在我目前座位上方两层楼的地方。研究型图书馆真是个好地方!

不到半个小时,我就找到了这些记录。我很快发现,参加商会的商业带头人支持殖民地间成立关税同盟,但反对联邦制。

商人们认为成立联邦困难重重：要撰写整部宪法,要确定大大小小不同殖民地的联邦议会代表,要决定哪些权力交给中央政府。这要花很长时间,谈论建立联邦的政治家就是在浪费时间。商人们讨论说,他们先成立关税同盟,这样会立刻带来经济效益,然后再解决国家的问题。他们的模式就是德国的统一之路。1834 年,关税同盟成立。37 年后,也就是 1871 年,国家统一。这就是我们这个时代欧洲走的路线：首先成立共同市场,然后再统一政治。

墨尔本的商人自夸务实,只关心结果,但他们为建立关税同盟而做出的全部努力都以失败告终。省会城市的商会曾在多个跨殖民地会议上碰面,他们同意废除殖民地间的关税壁垒,但对世界其他地方应该采取什么政策呢?关于这一问题,两个主要殖民地采取了不同的策略：新南威尔士坚持英国政策,即自由贸易;维多利亚则采取保护政策,鼓励当地制造业和农业发展。墨尔本商会的商人们反对贸易保护,但也深知,只有让新组建的国家采取贸易保护政策,维多利亚才会加入联邦。悉尼实行自由贸易,那里的商人同样深谙这一点,所以他们非常怀疑联邦制建成的可能性。墨尔本商会每次提出召开关税同盟会议,他们都十分警觉。虽然有会议召开,但会上的争议必须被隐瞒,会后也没有实际的联合行动。

但失败并没能阻止墨尔本商会,他们依然幻想商界可以就关税同盟问题达成一致,然后递交给政治家进行具体操作。他们一直反对联邦制,直到最后才改变态度。1893年,墨尔本商会部长参加了科罗瓦会议,但失望地离开了会场,因为这些狂热分子决定在联邦问题上再尝试一番。当成立联邦的可能性极大时,墨尔本的商界人士才参与其中,悉尼的大企业家依然持反对态度。

事实表明,政治家更务实。亨利·帕克斯解决了两个主要殖民地在贸易政策方面的分歧。1889年,他呼吁成立联邦时说,应暂时搁置这些分歧,先成立国民议会,然后由国民议会来解决贸易政策问题。和建国相比,关税方面的分歧"微不足道"。

这对于新南威尔士州支持自由贸易的党派领导来说风险非常大。这也是帕克斯成立联邦计划失败的一个原因。但接下来事情开始按照帕克斯的计划顺利进行。所以,民族情感的呼吁胜过了经济政策的分歧。首先国家成立,然后关税同盟设立。如果没有民族情感可以呼吁,维多利亚州和新南威尔士州的僵局就会继续。1895年帕克斯去世，但“联邦之父”的称号实至名归。首届联邦议会制定了“折中”的关税方案。

如果成立联邦是生意场上的交易，为什么为之付出努力的人称它为“高贵”“庄严”“神圣”的事业？

这些词不仅出现在公共演讲中，而且出现在联邦派主要人物的私人文件中。他们认为，成立国家能够有助于世界走向光明的未来。这是上帝的意志，或者说是人类发展的必然阶段，全世界的所有民族都应该拥有自己的国家，并且自治。

自20世纪发生的几次战争以来，民族主义形同猛兽；但在19世纪，人们把它看作将各民族从暴政中解放的方式。欧洲大陆的几大帝国——俄国、奥地利和土耳其——都统治着自己的属民。波兰人、匈牙利人、意大利人以及罗马尼亚人在为推翻帝国君主而抗争，他们赢得了全世界自由派和进步分子的同情。意大利民族主义传奇将军朱塞佩·加里波第（Giuseppe Garibaldi）便拥有一大批追随者。1882年加里波第去世时，悉尼约有一万人聚集在展览馆悼念他。1901年1月1日悉尼举办的联邦游行中，意大利的彩车上载着亨利·帕克斯的半身像，旁边围着意大利士兵，其中两位士兵打扮成加里波第红衫军的样子。自由派人士希望所有国家实现自治后，人们可以结成世界联邦，最终实现世界和平。英国桂冠诗人丁尼生勋爵（Lord Tennyson）曾歌颂过“人民的议会，世界的同盟”。

澳大利亚的联邦派把自己的事业看作世界运动的一部分。他们不是要摆脱某个压迫者，而是要建立一个英国王室保护下的自治国家。但成立澳大利亚联邦国家意味着消除殖民地之间的嫉妒和分歧，引领人们步入更高级的国家生活。澳大利亚不是几个殖民地的简单联合，它要做的是同世界其他国家平起平坐，迈向更加美好的生活。

联邦派带着宗教狂热投入这项事业。联邦的前两任总理埃德蒙·巴顿和阿尔弗雷德·迪金为建成联邦而努力，他们是在完成上帝的意志。

如果建成联邦是生意场上的交易，为什么会有如此多歌颂联邦的诗歌？

整理联邦派文学作品书目的学者决定不给我们罗列诗歌。这是可以理解的，因为此类诗歌很多，且大部分文笔拙劣，毫无新意。但将诗歌排除在外，就是去除了同盟运动的核心。这些诗歌呈现了人们对新国家的愿景，包括为何应该建立联邦国家，以及这个国家要以怎样的形式存在。诗歌没有新意，说明国家蓝图业已确定；从未写过诗的人编写诗歌，说明这项事业深入人心。这些诗歌没有隐匿在文学杂志上，它们刊登在了报纸上，多次被联邦派在演讲中引用，还被谱成音乐在公投时用来支持这项“正确”的事业，并在1901年得到官方文学奖项的认可。

写成于1878年的诗歌《前进，澳大利亚》(*Advance Australia Fair*)就源自这一诗歌流派，后来成为澳大利亚国歌。其中一句“大洋环绕四周”最令人不解，但在1878年时是标准意象，无需解释。诗人们认为澳大利亚不同其他任何国家接壤，境内各自为政，势必成为一个国度。在海洋的环绕保护下，这个国家可以大展宏图，不受困扰。诗人根据语义和节奏的需要，使用“环绕”一词的各种语法形式。不过，亨利·帕克斯写的这首赞美联邦的诗①就不那么优美了：

> 上帝环绕圣岛，
> 海洋辽阔无边，
> 人儿尽享微笑，
> 和平自由永现。

① 指亨利·帕克斯的《旗帜》(*The Flag*)。——译者注

帕克斯说,"自由"是澳大利亚的一大特点,国歌中也歌唱了"年轻自由"。这些也是常见主题。首先,澳大利亚人享受的自由是传统的英国式自由,但在澳大利亚所有男性都有选举权,所以更多人享有这种自由。在另外一方面,澳大利亚也胜过英国,因为它没有严格阶级制度的限制。在机会面前,人人有权,人人平等。《前进,澳大利亚》中也简短地呈现了这一主题,写道"劳动创造财富"。这句话有两层含义:一是这里有赚钱机会,另外隐含的含义是,只有劳动才能致富。

帕克斯诗歌中的"和平"不仅仅是指没有外敌入侵。诗人们赞美澳大利亚社会的统一,因此说它是和平的——这里的人们是同一血统或者说同一种族,他们讲同一种语言,没有持续的部落世仇;而且,最令人惊讶的是,血统没有被割裂。人们都知道曾与土著居民发生的边境战争(后来人们对这个话题闭口不谈或是开始逃避),但大家认为土著居民已经消亡殆尽,所以没有出现在国家愿景之中。虽然在世界的其他地方战事消息不断,但澳大利亚都未被卷入。

这些诗歌中,澳大利亚是年轻女性的形象,充满活力,纯洁无瑕。悉尼的一位记者兼编辑约翰·法雷尔(John Farrell)写过一首更加优美的诗,在这首诗中,澳大利亚便以这种形象频繁地出现：

我们没有耻辱记录，
没有鲜血写成的惨痛历史，
上帝将沉睡中的国土安放在仲夏之海，
她在明媚的清晨醒来。

他保护她这个处女的歇息
不被旧世界的战争打扰，
他送去至柔的海风吹拂胸口，
低悬的星照亮夜空。

在这个宜人的地方，他将她完美打造，
认为她最珍贵，让她不受侵犯，
独自坐在沙发上静静等候
迟来的强健男子。

澳大利亚获得自由后，这些有资格接手澳大利亚的男性，即“勇敢刚毅的先锋”才离开欧洲：

他们发现了幅员辽阔的土地，

那里没有撒播毒种子般的记忆，
没有祖先的恶劣行为和复仇计划，
没有王权，不要让它们玷污这里的辛勤劳作。

他们把这里变成阳光明媚的英格兰，
昨日的苦痛不复存在。
他们说："过去已成为历史，
长久以来的仇恨和纷争都不曾触碰这里……

"代表和平的洁白旗帜迎风招展，
在这片新鲜海岸上，我们要
警示祖孙曾经有过的一切苦痛，
建立起光辉的辽阔新世界。"

"辽阔新世界"，澳大利亚宪法中并没有出现很多这种毫无诗意的语言——除了新国家名字中的"联邦"。这表明澳大利亚人的国家理想：建立国家不是为社会精英增加财富，也不是为征服他人，而是为大众谋福利。1901 年，乔治·埃塞克斯·埃文斯(George Essex Evans)的一首诗在比赛中得奖，他在这首诗中把国家名同常见主题联系到一起：

新生的国家，处女般洁白，
不是浴血奋战、金戈铁甲赢来的战利品，
你的王权至高无上，
在联邦深深扎根！

如今，这些民族主义诗歌已经遗失——国歌除外，但国歌绝非最佳诗作。文学史中，人们经常说民族主义流派始于19世纪90年代A. B.巴尼奥·佩特森（A. B. “Banjo” Paterson）和亨利·劳森（Henry Lawson）创作的作品。他们的作品在19世纪90年代大受欢迎，但没有人认为那些诗歌适合赞颂国家，也没有人想到国家最欣赏的是关于偷羊的流浪汉和雪山骑士壮举的诗歌。这些作家为澳大利亚人提供了让人敬仰的男性人物，而且这些人物同国家的公共生活毫不相干。诗人们描绘了应支撑民族生命的理想，在诗中把澳大利亚比喻成纯洁的年轻女子。

评判民族主义在成立联邦中的作用时，如果我们把开国之父想象成口中唱着《丛林流浪》（*Waltzing Matilda*）这首民谣之人的话，那就大错特错了。开国之父都知道那个纯洁的年轻女子形象，也知道她的全部象征意义。

如果成立联邦是生意场上的交易，为什么形式是民主

改革运动?

1891年的宪法由各殖民地议会选举出的大会成员编纂,写成后又被送回到各议会手中加以考量。在新南威尔士州,帕克斯对它相当重视,因为自由贸易党派的部分成员对这部宪法表示不满,而与之抗衡的制约力量——工党对其毫无兴致。其他议会对宪法进行了一些讨论,但如果新南威尔士不参与,就没有进行下去的意义。

政治家制定计划,让人民选举代表参加新的大会,且由人民而不是议会来评判宪法,这项计划的目的是把建立联邦这件事从常态政治中去除。这将成为政治家无法插手干预的固定程序。但这个公开而民主的办法也十分具有吸引力,因为19世纪90年代已经有一项举措把殖民地宪法变得更加民主了。联邦运动成为其旗手,而且的确为新国家制定了一部极端民主的宪法。希望成立联邦的反民主派不得不放下他们的保守原则,退回原位,替澳大利亚着想。

19世纪50年代的民主党几乎不敢说出自己的名字,因为人们怀疑它反英,谋划颠覆。在问题2中我们已经知道,选举权范围扩大的主要原因是地产价值膨胀,所以法律未发生任何改动,更多人就得到了选举权。政府批准了成年男性选举权,但该权力资格有一定限制,即选民必须是该选区的固定居民；此时，之前的选举条件依然适用，所以说，如果你在几个选区同时拥有房产，你就同时拥有几个选区的选举权，人们称之为多重投票制。大会成员没有薪酬。维多利亚州、塔斯马尼亚岛和南澳大利亚州的上议院很有权势，议员由少数拥有选举权的人选出。新南威尔士州和昆士兰州的上议院议员是任命的，所以，如果自由党政府提出的方法受阻的话，他们就有机会让总督任命新的议会成员。当时女性没有选举权，而且在19世纪50年代，没有人对此提出反对意见。

截止到1890年，所有殖民地都已经开始为议员提供薪酬了。这主要由乡下人推动，这样一来，他们就不再必须选举居住在省会城市的候选人了。其直接影响是推动工会成立了有效的工党。如果没有工资，工会会员就不会加入议会。要工会会员提供资金给议员开工资永远都不现实。

1890年之后的20年中，进步的自由党在工党的支持下取得了多次民主性的胜利。多重选举权被废除，选举权的居民限制条件降低，女性获得选举权。直接民主制的方法，即公投，在南澳大利亚州启用，用于征集民众对学校教授《圣经》和上议院改革的意见。上议院改革没有深入进行。虽然选举权仍然有房产条件的限制，但他们做好了扩大选区的准备，只是并不打算削减权力。

在取得的这些胜利中，女性获得选举权这项成就最了不起。1894 年，南澳大利亚州认可了女性选举权，成为世界先锋之一，仅比新西兰晚一年，与世界最先认可女性选举权的美国西部各州也相差不远。女性主义历史书中列举了澳大利亚女性所处的毋庸置疑的劣势地位和所受到的歧视，但这无法解释澳大利亚女性那么早就获得了选举权的原因。如果只是压迫就能造就成功，那么女性主义首先应该在中东地区兴起。

澳大利亚成功的关键在于大部分女性已经在家里取得了较高地位——她们负责管理家事和孩子。因此，家庭以外的男权主义就会让人耿耿于怀，当已经得到部分解放的妻女要求获得选举权时，男人就很难再去拒绝。澳大利亚的女权运动之所以获得成功，是因为女性扮演着家庭主妇和母亲的角色，她们没有要求得到全部男性工作，也没有要求成为议员。男性真正害怕的，正是女性得到男性工作或成为议员之后会出现的种种情形，这也是英国和美国东部的改革困难重重的原因。

参加 1897 年到 1898 年制宪会议的大多数议员是进步的自由党党员，他们本希望给予联邦所有女性选举权，但因为目前只有南澳大利亚州采取了这项规定，所以他们担心这样做会操之过急。因此，他们用了个狡猾的策略，以便把女性纳入选举范围。第一届联邦进行选举时，选举权同现有的殖民地选举权相同。后来，联邦可以制定自己的选举法，但即便如此，也不能从已有选举权的人身上剥夺权利。南澳大利亚州的女性已经拥有选举权，如果联邦要制定统一法律，南澳大利亚州的做法就要成为整个澳大利亚的做法。1902 年，第一部联邦选举法就这样诞生了。

关于其他事宜，制宪会议把新的民主措施写进了宪法。多重选举权被废除，上下议院的议员都有薪酬（有些殖民地上议院议员没有薪酬），参议院即上议院的选民同下议院选民相同（1902 年后，这意味着上下议院实现普选）。对于极端民主派来说，各州参议院代表人数相同就是不民主，这也是工党反对联邦制度的主要原因，但民主选举上议院，还没有先例。此时美国的参议院仍然由州议会进行选举。因殖民地上议院反对自由党，宪法提供了缓解上下议院僵局的办法：上下议院均由选举产生，必要时两议院联手解决纷争。（历史上两议院只在 1974 年联合过一次，所以高夫·惠特拉姆[Gough Whitlam]领导的工党政府才得以在自由党的坚决反对下建立国民健康保险制度，即联邦医疗保险制度的前身。）最后，宪法的任何修订都要由人民进行公投来决定，人们认为这是极端民主的做法，但事实证明这是保守做法。宪法制定人员认为选民会做出明智选择，没有意识到"如果不确定就投反对票"这句口号的威力。

1897 年至 1898 年召开的制宪会议意图重新编纂一部宪法，但事实上，他们只是依据 1891 年时昆士兰州州长塞缪尔·格里菲思(Samuel Griffith)起草的文件进行了修改。其主要改动就是让联邦议会更民主，具体见后面的表格。这些改动表明，民主运动实力渐长，且只有基于民主，联邦才能建成。殖民地保守的上议院可能会阻挠改革，但新国家从诞生的那一刻起就会是民主制国家。

在联邦建成之前，人民必须通过公投同意一项共有 128 条条款的文件。我们习惯了以"否定"告终的公投，它们充斥着夸张、恐惧和谎言，但这一次，该项事务以"赞同"圆满结束。

联邦主义者对其取得的成就深以为豪。联邦不是通过军事力量成立的，也不是为抵御外敌而联合在一起的。这是澳大利亚人的自由意志，他们通过投票结成统一联邦是因为他们看到了国家统一的好处。有着如此血统的国家定会前途光明！

宪法民主化

1891 年草案与 1897 年—1898 年草案对比

草案中按照美国的叫法确定了两个议院：

由人民选举的众议院，和每州参议员数量相同的参议院

	1891 年	1897 年—1898 年
众议院	按各州规定进行选举。	第一届选举过后，联邦确定了自己的选举权；各州已有的选民权利不能被剥夺。（结果：所有男性和女性都获得了选举权。）废除多重选举制。
参议院	由各州国会选举。	选民同众议院选民相同。
缓解僵局	（没有规定）	如果参议院两次否定同一法案，则两个议院同时解散，重新选举全部议会议员；如果该法案仍然被否，两议会联合投票，少数服从多数。
宪法修订	由州议会决定。	公投。

那么经济利益就不在考虑之中了吗？当然不是。一旦联邦成立在望，个人和企业都会思考自己会如何受益或利益受损。关于联邦会如何影响预算，殖民地政府的财务主管十分警觉，因为关税即将由中央政府收取，而这曾是殖民地的经济支柱之一。草拟宪法以及公投决定是否通过宪法时，所有这些利益都备受关注。公投时，在一些似乎会因州际自由贸易而蒙受利益损害的地方，“反对票”明显增多，在因此而受益的地方，“赞成票”明显增多。但这

些利益都不会化为对成立联邦的渴求。献身于该项事业并最终取得成功的人是联邦派、政治家、诗人以及爱国人士。他们的利益何在?

他们当然也有利益,但不是经济利益。他们的利益在于,归属于某个国家会让他们的地位得到提升。每当格里菲思被问起为什么支持联邦制时,他都回答说当够了殖民地居民。殖民地居民意味着是二等人,是边缘人物,身份就是由其隶属的祖国界定的。精明能干而又胸怀大志的格里菲思不希望被人看作下等人。在他草拟的宪法中,“殖民地”一词都不曾出现。新成立的澳大利亚联邦里,殖民地成为了州,且格里菲思赋予该联邦作为一个国家应有的一切权力。尽管当时防御权和外事权还由英国监督,但也都被纳入了联邦权力范围。

亨利·帕克斯在1889年的一次重要演讲中,曾提到过他和众人因殖民地居民身份而受到的伤害:

> 以前,外国人不知道我们的名字,搞不清我们的地理区划,但从此以后我们是澳大利亚人,我们的民族拥有7 000英里(11 265.4千米)的海岸,200多万平方英里(5 179 976平方千米)的土地,400万人口,在世界面前,我们的名字叫“澳大

利亚”……我们的世界地位会得到提升，我们的名字会更加响亮！

对于帕克斯本人来讲，成立联邦的另一个好处就是，他可以结束多年的州长职位，成为澳大利亚国的首任总理。

有一群人对殖民地居民地位最有切身感受，他们就是在澳大利亚出生的第一代人，也就是所谓的“本土人”。他们的父母是殖民地居民，但至少出生在祖国。而这些“本土人”无论出生地还是居住地，都低人一等。19 世纪 70 年代开始，维多利亚州土生土长的年轻男性就成立了澳大利亚本土居民协会，目的就是同他人的诋毁作斗争。他们的父母以及维多利亚所有重要人物都是 19 世纪 50 年代淘金热时的移民。这一代人普遍批评后几代人，原因很简单——他们是土生土长的。年轻的澳大利亚人被指责痴迷体育，不思进取，不尊重权威，满口脏话。这些本土人开始证明自己是严肃公民，在很多领域都有所成就，并针对当前社会上的观点，比如得到任命的教授或大主教必须是英国人，提出质疑。他们不让殖民地产品再遭受偏见，无论是葡萄酒还是诗歌。

本土居民协会制定了同当地议会类似的医疗保险计

划，赢得了稳定而有力的后盾。当地会议上，保险事宜解决完毕后，他们就会开展辩论、演讲、模拟法庭等一切能够提升自我、反驳诋毁者的活动。他们允许饮酒，但禁止赌博。

19世纪80年代，他们致力于联邦事业。如果国家得以成立，他们的终极目标就会实现——一个国家里，还有谁能比在这里土生土长的人更需要尊重呢？他们曾是维多利亚州的一个组织，如今，他们的目标是建立国家。他们意识到这其中的矛盾，于是在其他殖民地成立分部。截止到1890年，大陆上的所有殖民地都成立了分部，不过任何一个分部都没有维多利亚的总部强大，因为那里几代人间的冲突最为激烈。无论经济繁荣还是落后，本地居民协会都致力于联邦事业，而且愿意为了联邦的成立做跑腿工作。巴顿身上随时携带了联邦机构列表备用。

因为是自愿投票，所以联邦公投的参加人数比普通选举人数少，历史学家凭此断定人们对这件事漠不关心。这件事，只有争取到“赞成票”的人最清楚。历史学家错在不应认为民族主义在联邦成立的过程中没有影响力。不是所有人都要有民族情感才能产生影响力，一些人会比其他人更早地产生民族情感。土生土长的澳大利亚人就对国家有着特殊需求。

*

我读大学时，历史学家经常从经济角度解释历史事件，我要反驳的就是针对联邦制的这种观点。如今，历史学家对种族和民族身份很感兴趣，于是他们提出成立联邦的目的就是建立白澳政策。

乍一看，这种说法有很多合理之处。新联邦议会的首项措施就是通过《移民限制法案》（*Immigration Restriction Act*），它为白澳政策奠定了法律基础。司法部长、副总理阿尔弗雷德·迪金十分支持这一举措，他宣称，建成联邦的主要动力是实现澳大利亚人民的愿望，因为大家希望通过联邦政府的成立达到团结统一的目的，进而保护民族的纯洁。他的原话如下：

> 人民希望我们同属于一个民族，并且始终保持一个民族，不要有其他民族混入。这片大陆以及美丽的塔斯马尼亚岛屿上，没有哪种动力比这更普遍；此前，我们因技术和武断的政治分歧彼此不和，在解决这一问题方面，没有哪种动力比这更有效力。

关于成立联邦，迪金之所以能讲出这样一番话，是因为他有身份优势——整个19世纪90年代，他都致力于这项事业，是他领导了维多利亚的联邦活动。其他为联邦事业付出颇多的还有埃德蒙·巴顿，他是新南威尔士州的联邦活动带头人。迪金很有个人魅力。他潜心钻研世界宗教，学识渊博；他参与公共生活，完全没有私心；他没有残忍的种族歧视；他是创建联邦的开明进步的自由党人中最优秀的一位，是一位睿智的政治家。事实证明，这些动人的言辞完全是误导性的。

罗恩·诺里斯（Ron Norris）在《新兴联邦》（*The Emergent Commonwealth*）一书中仔细研究迪金的话语时，得出以上结论。诺里斯首先研究了制宪会议，发现其中没有任何一次会议提到过解决移民问题是当务之急。关于殖民地为何要结成联邦，人们提出诸多论据，但在所有论据中，控制移民这一点微不足道。新联邦需要拥有移民管理权力，但即便如此，也不需要全民族去关注该问题。1891年的宪法规定联邦拥有唯一的移民管理权力；1897年至1898年的宪法规定，各州和联邦同时拥有管理权力。发起人认为移民应继续主要由各州进行管理，后期必要时才需要联邦介入。

在公投宣传中，到处散播着不切实际的言论和恐慌，但国家对移民采取行动的需要依然无足轻重。

那么,为什么国会成立后要迅速采取行动禁止亚洲移民呢?

1901 年 1 月 1 日,宣誓就职的各位部长不得不就关税这一疑难问题作出决策,因为这一问题亟待解决。只有联邦确定在各港口收取统一关税,殖民地间的贸易壁垒才能消除。巴顿政府坚持贸易保护主义,但首届大选时,他们表明只支持适当保护。反对派领导人乔治·里德则呼吁自由贸易。

关税造成各方不和,关系十分微妙。新一届政府希望喊着广受欢迎的战斗口号走入群众之中,因新兴的第三党派工党对关税采取中立态度,所以新一届政府的口号最好能胜过工党。工人和工会在要求建立白澳政策时打前锋,工党也把白澳政策放在其纲领首位。

这就说明了为何巴顿政府会在首届大选时向人民承诺立法制定白澳政策。大选获胜,他必须遵守诺言。贸易保护主义者和自由贸易者在国会中势均力敌,工党保持着双方的势力平衡。工党党员部分支持贸易保护,部分支持自由贸易,但全都支持政府将白澳政策合法化。

政府不得不假装自己正在回应移民前线的某个真正需求,所以引用了亚洲移民的数据。1899 年以来,10 人移民至南澳大利亚州，133 人涌入北部地方，151 人离开；1898 年以来，304 个日本人来到昆士兰州，864 人离开。显然，通过民族成分界定国家并非迫切需求，但对于联邦的政治事业来讲，这是一个良好开端。

为了确保白澳政策顺利实施，政府做了一个更加果断的决定——昆士兰州的甘蔗地经营者不再雇佣太平洋岛民做契约劳工。巴顿在施政报告中宣布了这一决定，于是这成为昆士兰州联邦大选的主要议题。多年来，这一制度在昆士兰州一直是争议焦点，政府曾决定废除，但后来又决定恢复。昆士兰州工党对这一制度表示强烈反对，但因为这片殖民地由工党的所有政敌联合治理，所以工党的态度丝毫不影响政策的实施。

因联邦会开拓整个澳大利亚的糖品市场，所以种植甘蔗的人支持成立联邦，但他们希望所有对劳动力不利的政策尽量推迟实施。巴顿即刻采取行动，规定最后一批劳工最晚 1906 年全部返回家乡，这一行为激怒了甘蔗商和昆士兰州政府。联邦政府对进口甘蔗收取关税，以此保护国内甘蔗业，同时对当地企业收税，如果雇佣白人劳动力，税款可以减免。后来事实证明拿法定最低工资的白人也可以在热带种植甘蔗，这说明白澳政策取得了胜利。

“白澳”一词的来历无从确认。显然，这个词必定是在实施反亚洲殖民政策的背景下被创造出来的。

*

关于联邦起源的诋毁观点始于工党及其支持者。工党始建于19世纪90年代初，未曾参与制宪。有一位工人阶级代表参加了1897年至1898年联邦大会。在新南威尔士州和维多利亚州，工党反对宪法的首要原因是各州参议员数量相同——在尚无工党的西澳大利亚和塔斯马尼亚两个“落后”的州，也要选举出和大州一样数量的参议员。联邦看上去就是一个压制工党的反民主机器。

但工党在新联邦国会做得非常成功，在每个州的上下议院都赢得了席位，包括塔斯马尼亚岛和西澳大利亚州。1910年大选时，工党获得了两院的大多数席位，支持票最多的是塔斯马尼亚岛。1909年，自由贸易派和贸易保护派迫不得已结成自由党同工党抗衡。

但工党在安德鲁·费希尔(Andrew Fisher)的领导下于1910年上台执政时，他们深知最高法院给出的宪法解释不会允许他们实施政治纲领中的两个关键政策——管理全国的工资待遇和使垄断行业国有化。1911年，工党政府号召人民进行宪法公投，提议增加联邦权力，但以失败告终。1913年,工党政府再次提出相同提案,这一次离胜利近了一步。(只有在全国范围内多数人投赞成票,且多数州投赞成票,宪法修正案才能通过。)二战期间,工党东山再起,于是又一次向人民递交提案,建议增加联邦权力,又一次以失败告终。1947年,工党提议立法将银行国有化,被最高法院判决违反宪法。宪法的确明确规定联邦有权管理银行业,但法院认定,联邦接管银行违背了第92条规定,即州际商业贸易"完全自由"。

工党同宪法不停地进行着较量,最终工党在政治纲领中明确提出反对澳大利亚制定联邦宪法。他们希望废除参议院,并成立被赋予所有权力的恰当的联邦政府。直到20世纪70年代,工党才抛弃了这些观点。从那之后,最高法院对宪法重新进行了解释,联邦政府权力大大增加。此时,联邦政府可以将垄断行业和银行国有化,但工党已经对这些举措完全失去了兴趣。

19世纪90年代,工党不看好制宪,这件事不足为奇。学术界的工党支持者把联邦之父想象为保护自己利益的中产阶级的形象。芬利·克里斯普(Finlay Crisp)曾是本·奇夫利(Ben Chiefley)领导下的工党政府中的一员,他在一本极具影响力的教科书中把国父们刻画成"有钱人"的形象,并基于这一事实解读他们的动机;也正是他,在收集整理联邦文学书目时决定删去全部诗歌内容。

结成联邦是民族统一的唯一方式，所以 1901 年时完全不可能成立权力至上的中央政府。19 世纪 90 年代，工党之所以反对制宪，并不是因为中央权力有限，而是我们前面提到的原因——各州参议员人数相等。

尽管工党有时认为自己代表全国人民的意志，但事实并非如此。必定会有人维护宪法制定者吧？对以公开、和平、民主的方式创建的国家的歌颂又到哪里去了？关于歌颂祖国的记忆都已烟消云散。

事实上，联邦运动目标实现的那一刻起，人们就开始遗忘了。1899 年，大英帝国派军队前往非洲参加反布尔共和国(Boer Republics)战役。澳大利亚殖民地也派去了士兵，他们作战勇猛，英国军官十分希望从澳大利亚草原来的骑兵加入自己的连队。人们对布尔战争和澳大利亚士兵的功绩与牺牲的兴趣，完全胜过对于联邦运动的最后阶段的兴趣。

联邦创建者认为，澳大利亚建国时没有经过战争是理所应当的，但他们依旧无法消除战争给人们带来的吸引力。毕竟，联邦经受过鲜血的洗礼。国民认为国家诞生于 1915 年的加利波利，而非 1901 年悉尼的公园里，其中的原因就显而易见了。下一章我们就来讲讲加利波利登陆。

问题 5

犯人出身对民族特征产生了怎样的影响?

澳大利亚历史中在我看来最具挑战性的问题,得到的却是人们普遍相当自信的答案。这个问题就是:犯人对我们的民族特征产生了怎样的影响?人们给出答案:他们让我们成为反权威民族。

大约 40 年前,亨利·雷诺兹(Henry Reynolds)在尚未研究土著历史时就针对这一答案写了一篇文章,给出了最佳反驳论点。他研究了向塔斯马尼亚岛运送犯人的后果,在探究历史时,他通常运用简单明了、确凿无疑的三段论进行论证。塔斯马尼亚岛上的犯人数量占人口比例高于大陆。如果说犯人造就了人们反权威的态度,那么在那里这种态度应该尤其盛行。但事实上,接收犯人之后,塔斯马尼亚岛的态度却是这些殖民地中最保守、最传统、最亲英、最非澳大利亚式的，那里的工人阶级唯命是从，不关心政治。所以，犯人出身不可能是造成人们反权威的原因。

1958年，拉塞尔·沃德（Russel Ward）出版了《澳大利亚传说》（*The Australian Legend*）一书，雷诺兹在谈论民族特征时便是基于这本经典著作。早在澳大利亚社会普遍接受犯人为社会根基甚至以其为荣之前，沃德便乐于坚称犯人是我们的"开国之父"，他推断出我们独立、反权威，以及后来发展成为兄弟情谊的队伍，团结一致，这些都源自犯人。但他也概述了其他凸显这些特点并使之根深蒂固的因素。在整个殖民地，尤其是在老手（犯人和前科犯）集中的"北部地区"，劳动力短缺，所以工人完全不惧怕老板。内地的畜牧场上，男性不受约束，从一处畜牧站换到另一处畜牧站，他们不隶属于某个老板，经常只有一个绰号，找工作时也不需要介绍信。没有固定住处，且远离文明社会，使得这些人互相依赖。草原上的白人女性寥寥无几，所以他们的感情纽带更加紧密。他们的生活方式就是努力工作，赚来的钱全部用来喝酒，肆无忌惮地说脏话，在土著女性身上发泄性欲。

据说一本好的历史书应该包含一些可以进行自我反

驳的论据。或许沃德提供的其他因素足以产生民族特征?这样就不需要提到犯人了?塔斯马尼亚岛似乎印证了这样一个结论:这里不存在劳动力短缺的情况,人们有固定住所,彼此很近,政府和雇主阶层牢牢控制着社会底层。

但是,如果我们持以下观点,就可以不用提到犯人影响了,即澳大利亚继承了犯人的性格,但这些性格需要特定环境才能影响到每个人,新南威尔士州有这样的环境,塔斯马尼亚岛则没有。不过,人们拿沃德一知半解的观点就可以对这一假设提出质疑。澳大利亚在它成立之初,既有犯人,也有英国的自由工人,他们同样来自英国,但在英国,因经济迅速发展并逐渐实现工业化,基于顺从的传统社会契约受到冲击。18 世纪末期,城市里的工人被称作"纪律松散之辈",因不守规矩而在整个欧洲臭名昭著。到 19 世纪初期,工人们已经开始有组织地要求获得政治权力,要成为国家的一分子,不想仅仅做穷人或下等人。如果澳大利亚工人刁蛮,我们就无需追究犯人在其中产生的影响。

威廉·豪伊特(William Howitt)曾于 19 世纪 50 年代踏上淘金矿之旅,他对下层社会的粗鲁行为十分留意。在英国时,他是个激进分子,但同时也是个绅士,去澳大利亚后,拖着沉重的行李,打扮成绅士模样。一次,一群矿工在大马路中间打板球，他和儿子因此遇到了危险。投球手发了球，球擦着豪伊特的马的耳朵飞过，击球手又把球打了回来，差点击中孩子的脸。几位骑警刚刚从这里路过，但没有任何人阻止他们打球。豪伊特轻声告诫他们这样很危险，他们却破口大骂："我们在这儿想干什么就干什么！记着，这里不是英国！"这些人一定和豪伊特一样，刚刚来到这里不久。虽然很恼怒，豪伊特解释他们的所作所为时，还是很冷静，也没有提到犯人及其影响。在他看来，这些英国人在家乡被严格束缚，来到这里后是在通过粗鲁的方式主张自由。

在英国也会有一些工人，他们没有受到过任何犯人的影响，却有着"澳大利亚式"的性格。19 世纪初，参与修建铁路的挖土工人薪水高，流动性大，通常只使用绰号，他们每个月把工资花在酗酒上，严重影响文明的社会秩序。他们是个松散的部落，但彼此极为忠诚——到处流浪的挖土工可以借宿在其他工人那里，其他工人在道义上有责任替他筹钱送他上路。人们对待这些流浪汉的态度和对澳大利亚流浪汉的态度一样，即认为其中一些人可能就从没想过找工作。

有关犯人的话题到此截止了吗？并没有，因为我们需要考虑一个典型的反权威群体——爱尔兰犯人。沃德着重强调这一群体。因爱尔兰人反抗外来统治，反对专横地主，所以人们自然会认为他们促成了澳大利亚的反权威精神。但这一观点误解了我们正在讨论的反权威态度。我们不是在寻求公开的暴力反抗的原因，澳大利亚很少发生这样的事件，流放时期悉尼附近的城堡山（Castle Hill）以及后来在巴拉腊特（Ballarat）金矿附近的尤里卡（Eureka）的确发生过暴力反抗事件，爱尔兰人表现非同寻常。我们在探求的是他们那既有都市人的精明能干又缺少礼数的态度的源头，他们嘲讽或是回避权威，但没有控制或取代权威的想法。这种思想源自 18 世纪英国城市中的工人阶级，而不是近代的爱尔兰乡下人。爱尔兰人更崇尚团体和部落生活，更好战、更忠诚，对独立和虚张声势则没什么兴趣，他们希望找到愿意保护他们的主顾，他们会说："阁下，上帝会保护你。"

我们看到的澳大利亚民族特征经常是对英国民族特征的明显背离。澳大利亚人在做这方面的比较时，想到的英国人都是头戴圆顶礼帽的纨绔子弟、上流人士。1940 年，乔治·奥威尔（George Orwell）在描写英国民族特征时，这样描写工人阶级和中下层阶级——正是这些人来到了澳大利亚：

……英国人还有一个特点，我们已经将其内化，几乎注意不到它的存在……就是我们沉迷于各种爱好和业余消遣，即英国人的私生活。我们的民族爱花，爱好收集邮票，喜欢养鸽子，是业余木匠，乐于在报纸上剪优惠券，喜欢掷飞镖、做字谜游戏。所有最本土的文化内容——如在酒吧喝酒、足球比赛、后花园散步、壁炉边的谈心，或是喝上“一杯好茶”——或许涉及不同群体，但都不是官方活动。人们仍像19世纪时一样崇尚自由。但这和经济自由无关，和利用他人谋取利益的权力无关；这是拥有自己家庭的自由，业余时间随心所欲的自由，有权选择娱乐方式、不用官方指定的自由……

如果直接观察普通民众，尤其是大城市里的民众，你就会发现他们在道德上没有受到严格管束。他们赌性成瘾，工资全都用在喝酒上，讲着下流的笑话，用着全世界最粗俗的语言。

对于澳大利亚人，尤其是已经跳出工人阶层的澳大利亚人来说，也是如此。沃德已经发现并探讨了民族形象中酗酒、赌博、满口脏话等方面，不过没有意识到对后花园和家庭的渴望也是民族特征的一部分，但那些把澳大利亚定义为第一个郊区化国家的人则重点强调了这些方面。有关民族特征的民族主义文学作品探求的是本土血统的独特性；澳大利亚民族特征显然源自英国工人阶级，这种说法会让我们更舒坦些。

沃德认为内地工人——剪羊毛工人、畜牧场工人及家畜商人——身上有他感兴趣的最纯粹的民族特征。但他没有提到城市无赖，而正是无赖把反权威精神变成艺术形式，他们发起的风格风靡全国。19 世纪最后几十年，无赖群体开始活跃，起初他们并不讨人喜欢。他们光明正大地做坏事：拦路，推撞路人，对体面的女性污言秽语，向衣着光鲜的男士身上吐唾沫，痛打酒鬼并对他们实施抢劫。但他们异于欧洲城镇的粗野之人。墨尔本记者约翰·斯坦利·詹姆斯(John Stanley James)这样描述他们：

> 墨尔本的无赖和其他地方的同类人最显著的区别在于他们胆大妄为，蔑视权威。欧洲的“粗野之人”会回避治安法庭所在的街区，不希望被地方法官或侦探察觉。但这里的无赖不仅会去警察巡视区域同警察打趣、招惹警察，还会每天挤进治安法庭，表现出自己对可能被审判的男

> 伴、女伴的命运十分关注……另一个显著区别对无赖有利，他们普遍看上去营养充足，衣着比较得体。毕竟，生活在传统世界的那群惹是生非的人和窃贼们生活困窘，而且通常工作收入菲薄，但这里的无赖最起码物质方面尚可。

当需要对无赖采取严厉措施时，人们经常发现他们的父母都是体面的人，而且他们自身也不是无业游民。被起诉时，他们出得起钱雇律师为自己辩护。无赖精神仍然是个谜。这种精神不是对身心受到伤害的人和受到排挤的人的蔑视，而是不愿被管制的年轻人因自信而产生的大胆。

富庶的工人阶级摆脱了传统世界的屈尊俯就，所以土生土长的年轻人才以如此怪异的方式展现自己的独立精神。在悉尼可以说无赖是流放时代的残余，但无赖在每个城市都十分活跃，尤其是面积最大、犯人影响最微弱的墨尔本。

*

犯人影响最深远的方面，不是部分人群的反权威态度，而是不得不甘心接受其可耻出身的国家创伤。澳大利亚要如何应对世界的负面评论？众所周知，澳大利亚是犯人创建的国家，所以在道德方面，人们依然持怀疑态度。1850年，有一首英文诗这样写道：

那里犯罪即美德，美德即犯罪，
一切罪恶都被称作美。

虽然澳大利亚人在19世纪40年代的反犯人输入运动中否定了自己接收流放犯的历史，但世界不会忘记这一点。1879年，人群涌入悉尼板球场时，一位位于投球线的英国人大声喊："你们这群犯人养的！"约翰·柯廷[①](John Curtin)持续请求英国援助澳大利亚，1942年，温斯顿·丘吉尔(Winston Churchill)表示受够了这一请求，把这种慌张归咎于"血统不好"。

一个多世纪以来，澳大利亚一直忌讳谈及犯人。这种做法可以遮丑，但不能除丑。我在这里对这种抑制的后果进行探讨，必然是猜测性的，但毫无疑问，这一伤口带来的

① 约翰·柯廷(1893—1945)，澳大利亚著名政治家、澳大利亚第14任总理(1941—1945)。——译者注

疼痛必定痛心入骨。1899 年，新南威尔士总督出于好意，在即将上任之际提前发出问候之辞：“问候大家。你们出生时的污点教会你们改邪归正。”民众对此一片哗然，于是总督不得不收回这句冒犯的言辞。

我们在问题 4 中已经知道，在 19 世纪末的诗歌和画作中澳大利亚是纯洁无瑕的年轻处女形象。之所以纯洁，是因其摆脱了旧世界的等级、不平等、阶级偏见等弊端；澳大利亚人居住在一块大陆上，是同一个民族，人民生活和谐，没有内乱，人人机会平等，他们四周环海，远离世界其他国家。我认为人们如此强调国家的纯洁性，就是对国家不纯洁出身做出的回应。“你认为我们脏，”诗人向全世界宣布，“但我们创建的国家独一无二。”最初，纯洁和白色并不是指种族，直到 19 世纪 80 年代，这个即将建成的国家才开始走种族路线。

有些国家也排斥亚洲移民，但没有采用澳大利亚式的口号，比如其他国家没有拿“白新西兰”或“白加拿大”当作身份盔甲。澳大利亚在拼命地追求并对外宣告自己的种族纯洁性。渐渐地，民族纯洁性在全世界范围内都重要起来，而且澳大利亚可以说是拔得头筹，因为澳大利亚自夸他们 98%的人口都是英国人，没有其他民族混入。在这一问题上的坚持和炫耀就是在向世界宣告他们的囚犯污点已经被洗刷干净。不过，毫无疑问，在种族思想中，血统依然重要，所以尽管把澳大利亚的命运和种族纯洁绑在一起，澳大利亚人依然无法摆脱其血统影响，比如，丘吉尔就曾嘲讽过他们的血统不好。

这里我们对犯人之耻和国家历史间的联系再进行一次猜测。近年来，人们对加利波利登陆的尊崇越来越狂热，但当时人们号称国家诞生于加利波利，这一点对于生活在现代的澳大利亚人来说依然是个谜题。因为加利波利事件是对澳大利亚人民兄弟情谊的极限挑战，所以它如此重要吗？不是的。因为失败，而人们却反常地高兴，所以澳大利亚人尊崇这一历史事件吗？不是的。加利波利确实诞下了澳大利亚，因为它让澳大利亚不再怀疑自己是否有成为真正国家的勇气。澳大利亚士兵十分了不起地经受住了最高考验。登陆在错误地点，面对近乎垂直的峭壁，土耳其人在上方对其开火，他们登上岸，迅速向上爬，坚持不放弃。所有军事专家都认为他们取得了胜利，最重要的是他们还赢得了英国人的赞颂。澳大利亚报纸上发表的第一篇关于此次登陆的文章来自英国战地记者埃利斯·阿什米德-巴特利特(Ellis Ashmead-Bartlett)。他的称赞比后来澳大利亚战地记者 C. E. W. 比恩(C. E. W. Bean)的更有价值。阿什米德-巴特利特的报道(见下文)

是澳大利亚民族的奠基性文件。澳大利亚人读过这篇文章后，立刻得知他们在全世界面前名声大噪。加利波利事件的结果，成也好，败也罢，都无足轻重了。他们不再自我怀疑。自我怀疑的最终根源是什么？是作为犯人的历史污点。

在阿什米德-巴特利特看来，在首个澳新军团日（Anzac Day），最了不起的是澳大利亚受伤战士的所作所为，他在曾经的战场上从未看到过这样的景象。他们被运回战舰，一回到早上才离开的战舰上，所有人立刻欢呼起来。即便是被打得伤痕累累、毫无康复希望的士兵也在欢呼。他察觉到了背后的原因："他们高兴，因为他们知道这是自己第一次接受考验，而且经受住了考验。"

一个国家的诞生
阿什米德-巴特利特关于加利波利登陆的报道

即将首次在严苛环境下投入战斗的澳大利亚人心情愉悦、安静而又自信，没有任何紧张或兴奋的迹象。月亮渐亏，船只摆出，澳大利亚人收到最后一批指令，六个月前一直过着和平、文明生活的男人们开始在一片陌生陆地上的一块陌生海岸登陆，目的是袭击不同种族的敌人。

船只马上要靠岸了，一群躲在岸上战壕里的土耳其人手持步枪和一架马克沁重机枪对其开始了猛烈射击。幸运的是，大部分子弹向上飞去。澳大利亚人随机应变。他们没有等待命令，也没有等船靠岸，而是直接跳入海中，大致排成一行，冲向敌人的战壕。他们的弹匣里没有装子弹，所以只是带着一件件冰冷的铁器上了岸。

不到一分钟，战争就结束了。第一条战壕的土耳其人要么被刺，要么逃跑，马克沁重机枪也被缴获。

随后，澳大利亚人发现面前是一道近乎垂直的悬崖，上面砂石松散，灌木浓密。在悬崖一半高的地方，敌人设了第二道战壕，严防死守，对低处的部队和返回驱逐舰、负责运送第二批登陆部队的船只进行猛烈射击。

这种情况在黑暗之中很难应对，但那些最务实的殖民地人民决定从务实角度来处理。他们停了几分钟，振作起来，丢掉包裹，装上子弹。他们身体强健，不顾敌人的火力，爬上悬崖。一些战士牺牲，但他们并不为此担心。不到 15 分钟，土耳其人就退出了第二战壕，要么被刺死，要么逃亡。

斗志昂扬的澳大利亚人没有躲进战壕，而是分别向北方和东方进攻，寻找活着的敌人。那片土地很难被用作战壕来藏身，所以他们宁愿选择前进。

这场战役中，没有什么比在这片土地上暗夜登陆、冲上悬崖更英勇的事迹了，最重要的是，在后方援军即将登陆时，他们还在坚守阵地。

事实表明，这些毫无作战经验、殊死搏斗的殖民地部队，完全可以同蒙斯（Mons）、埃纳省（Aisne）、伊普尔（Ypres）以及新沙佩勒（Neuve Chapelle）的英雄并肩作战。

新西兰士兵同澳大利亚士兵一起登陆，但没有参与1915年4月25日黎明的第一波战斗。这些士兵的功绩增进了民族意识，但没有人说过新西兰诞生于加利波利。新西兰没有急于得到世界的赞许。虽然作为英国殖民地的新西兰同澳大利亚有着紧密的联系，但1901年她经常给出一些牵强的理由拒绝加入联邦，因为最有力的理由必会冒犯对方，所以无法开口——她不想和堕落的澳大利亚人成为同盟，让外人认为她的民众也是耻辱的。

随着战事的推进，澳大利亚士兵作战技能愈加娴熟，在西方战线，他们在同德军的决战中扮演了重要角色。这些士兵扩大了澳大利亚在整个世界的影响力，所以澳大利亚人不得不接受他们自己的士兵，无论他们有什么缺点。这些士兵是大英帝国勇士，可敬可爱的人可以以他们为荣。但他们的个性还包含其他方面——拒绝尊重军官，有无赖倾向。这些很难让人接受，但如今人们不得不纵容他们。他们成了人们必须接受的民族典型，因为他们就是矿工的典型。每个澳新军团日，这一民族特征的两方面都会展现出来：上午是正式庆祝仪式中的战士，下午是酒鬼、赌徒，警察选择视而不见，这样无赖矿工就可以放任自己。

沃德没有这样描述全国上下如何接受或容忍反权威态度。他认为，这种态度源自内地工人，19 世纪 90 年代传播至全国范围，其主要传播途径是佩特森和劳森的民族主义文学作品。从长期来看，这些作品没有产生深远影响，但 1900 年代尚有很多人不愿接受把剪羊毛工人或流浪汉作为民族标志性人物的观点。资产阶级则迅速并完全被矿工折服，因为是他们突然造就了国家，让国民变得尊贵起来。

沃德解释称，民族主义文学洗清了内地工人的污点，让他们变得崇高。无赖也是如此。真正的无赖很少再威胁社会，C. J. 丹尼斯（C. J. Dennis）出版了诗歌集《伤感的家伙》（*The Sentimental Bloke*），诗歌集主要讲述了一个无赖迷恋上女孩多琳后改掉自己粗野行为的故事。1915 年，这本书一经出版就大获成功。这个无赖在战场上的表现把他自己送上了万神殿，在那之前，他已经通过爱情得到了救赎。但这个家伙仍然保留了无赖的本性。澳大利亚士兵在动身前往加利波利前打砸并放火烧了开罗的红灯区瓦兹尔。丹尼斯写了首诗为他们辩护，他把他们描绘成来自世界上“最纯洁”大陆的天真少年，对于这样的说法我们不应大惊小怪。

因为天生粗心，也因天生卖弄，
作为孩子，他们深知撒旦的模样，
一个狂野的夜晚，他们不经意间遇到了撒旦，
在二流旅馆里有酒，有女人。
同沙漠上长大的孩子心中的撒旦相比，
澳大利亚人的撒旦只是小绵羊。

所以他们在酒馆附近徘徊，
被瓦兹尔吸引，
看到年迈法老的女儿们——合意的少女；

如果不玩个痛快，就枉做澳大利亚人……
一位埃及姑娘笑着收了钱。
他们喝下酒，吐出邪恶的气息……
许多人醒来后渴望死亡。

在世界上最年轻
最纯洁的大地上漫步时，
遇见古老的罪恶，让人难以抗拒。
或许生来就带着罪恶和忧愁，
但这片土地上绝无古老的肮脏。
他们是一群孩童，把玩着一条毒蛇，心中无畏，
被咬后创巨痛深。

你见到孩子们认为赛制公平，
所以奋勇一搏时的样子吗？
当他们被同一个陷阱绊倒，
发现自己是毒蛇的盘中餐，
你听到他们痛苦的怒吼了吗？
被埃及人捉弄，他们就是此般的恼怒；
不要忘了，他们在为上前线而训练。

“为上前线而训练”是最佳理由，但这些诗歌的出版一度遭到审查机构的封锁，战士在前线取得骄人成绩后，它们才得以呈现在世人面前。

对于研究澳大利亚历史的人来说，工人高高在上的地位以及他们的价值观在整个文化中的盛行程度一直是个谜团。如果从表面分析，我们可以说是因为中产阶级在数量上不占优势。但在资本主义社会中，无论中产阶级人数多少，他们的价值观都应占主导地位。那么是因为他们没有统治欲望吗？我曾说过，犯人出身可以解释这个谜团。资产阶级也无法摆脱国家的耻辱，所以他们通过“白澳政策”和军事威力寻求体面。

如今，澳大利亚已经摆脱了长期以来出身带来的压抑。但是，它仍然是个与众不同的国家，因为如今国民以自己的犯人祖先为荣。发现自己的祖先是犯人不再是耻辱，而是可喜可贺的事，这在全世界看来都是个不解之谜，因为全世界的人都认为祖先带来的污点依然会触痛内心。例如，他们曾目睹英国板球队粉丝“疯癫军团”（Barmy Army）唱着“你们都来自流放地，流放地……”抑制也好，拥护也好，犯人出身必定会产生某种影响。最起码，对犯人祖先感到欣慰的民族再怎么严肃地对待这件事都不为过。

有些人认为民族特征是个毫无存在必要、压抑而危险的计谋，认为我们所有这些讨论是画蛇添足。如果你厌倦了这个老生常谈的主题，就读读诗人莱斯·穆瑞（Les Murray）在《我了解的澳大利亚宗教》（Some Religious Stuff I Know About Australia，选自《蔓生的特质》[*The Quality of Sprawl*]一书）一文中是如何谈这件事的吧。宗教？还有澳大利亚的民族特征？是的。穆瑞评论道："澳大利亚人迟早会证明，他们有能力对崇高事物和惊人而又致命的事物一笑置之，这就是他们给人类最好的礼物。本质上讲，这是发自内心的笑，是欢笑，它把悲剧、徒劳和虚荣等都摆正了位置。"

旧世界的穷人来到澳大利亚，成为工人阶级，穆瑞正是在工人阶级的讽刺这一秘密传统中找到了会心之笑的源头。穆瑞做出的评价和我所想一致，他称澳大利亚是"无产阶级的进化"。但工人阶级的讽刺是如何成为国家态度并一直保持下去的呢？因为这个国家从一开始便知道自己与众不同，所以在这里这样的事情完全可以发生。

问题 6

为什么战后移民计划取得了成功?

澳大利亚高校里大多数社会学家都在政治上持左倾态度,所以他们经常强调澳大利亚社会的不平等和压迫问题。他们认为研究现代澳大利亚移民问题易如反掌,认为移民被边缘化,社会地位低下,这些表明社会存在缺陷。我自己在一些问题上也有左倾思想,但我认识到研究这个大规模的移民计划就是要解释它取得成功的原因。

约翰·韦斯顿(John Western)教授出版过一本教科书,主要讲授澳大利亚社会不平等问题,书中有一些测试题,做过这些题目后,你会轻易发现移民计划的失败之处。最先大批来到澳大利亚的非英国人是意大利人和希腊人,韦斯顿教授认为,这些人遭到了“经济剥夺”,因为很少有人得到白领工作，没有人进入专业性较强的领域或决策层。他没有解释南欧的农民在没有英国人帮助的情况下是怎样独立获得高级职位的。虽然第一代人大多承担的是体力劳动，但他们的确十分优秀。和老澳大利亚人相比，他们中有更多人结婚生子、送孩子去学校读书，失业者的人数则更少。他们的子孙非常出色，遍布白领阶层，在专业性较强的领域也占一定比例。韦斯顿教授的平等测试得到了验证——只要我们不愚蠢地用它来考察第一代人就可以。

如今意大利人和希腊人也融入了社会。他们不再像刚来时一样居住在飞地，而是遍布整个郊区。他们同其他移民、老澳大利亚人通婚，且这么做的人占比很高，这也成为所有后继移民的普遍做法，黎巴嫩人中的穆斯林除外。移民数量庞大，通婚现象普遍，导致澳大利亚人在相当长的时间内不再是这个社会中人数最多的群体，最大群体由移民和老澳大利亚人通婚生下的混血儿构成。

当然，社会紧张和种族敌意一直存在，认为这些紧张关系不复存在是很愚蠢的。避免产生这种紧张气氛的一个方法就是让人口保持同根同源，不采取移民计划。事实上大多数国家都没有移民计划，澳大利亚却制定了这样的计划，并开始对自己进行严苛的容忍度考验。这一计划产生的结果便是，在除以色列以外的所有国家中，澳大利亚的非本国出生人口比例最高。最近，安德鲁·马库斯(Andrew Markus)、詹姆斯·贾普(James Jupp)、彼得·麦克唐纳(Peter McDonald)三位移民专家得出结论称，澳大利亚人的容忍程度高于其他民族，只有一小部分人表示对移民无法容忍。然而，也只有一小部分人持积极的支持态度，表示完全可以接受移民，并希望政府支持对移民文化的保护。几位作者似乎对最后一类人的人数之少感到遗憾——在我看来，这是健康社会的另一个迹象。

考虑到1945年移民计划开始时澳大利亚人的自我评价，其社会转型更加惊人。他们是英国民族——比英国人还英国人，对自己的种族主义政策无比自豪，任何可能威胁到这一政策的事情他们都高度警觉。移民计划实施20年后种族主义政策被废除，30年后，澳大利亚人开始不带歧视地接受所有种族。澳大利亚做出这些改变时十分自信，因为它发现自己在吸收移民方面是个专家。

乔克·科林斯(Jock Collins)承认移民计划取得了成功。在自己的教科书中，他称之为“历史上最成功的移民计划之一”，但拒绝把它归功于澳大利亚和澳大利亚人。有人解释称，因为澳大利亚是平等主义的无阶级社会，所以容易接受移民，但科林斯教授不承认这种说法。他说这是胡说，澳大利亚社会和其他社会一样是阶级社会，移民计划的成功应该归功于移民自己！但如果移民是关键因素，为什么不是所有地方都取得同样的成功呢？社会科学家被成功冲昏了头脑。我们当然要从澳大利亚社会的本质中寻找成功的原因。

*

如今，澳大利亚是一个多元文化的社会，但我们不能犯常见的错误，认为在移民计划开始前它是文化统一的社会。在宗教和种族问题上，老澳大利亚严重分裂。自澳大利亚社会刚刚开始建立时，解决文化差异、保证社会安定就是其首要任务。

澳大利亚的基础人口由三个民族构成：英格兰民族、苏格兰民族以及爱尔兰民族。澳大利亚人称之为三大王国民族。在祖国，他们一直以来互为劲敌，直到相对近些年才统一为联合王国。苏格兰和英格兰于 1707 年统一，称为大不列颠。爱尔兰于 1801 年加入，成为联合王国。虽然大多数爱尔兰人是天主教徒，但英格兰清教徒在爱尔兰继续开设新教会，且由天主教徒负责其花销。直到 1829 年，天主教徒才可以入选威斯敏斯特国会。大多数苏格兰人是新教徒，宗教改革比英格兰人更彻底。他们的长老教会不接受主教，也不接受在教堂里行教皇式的弯腰下跪仪式。同英格兰统一后，苏格兰人能够比爱尔兰更好地处理宗教问题——长老教会依然作为国教，英国君主为其最高领袖。所以，英格兰的国王是英国国教徒，苏格兰国王是长老会教徒。

从澳大利亚建立之初，这三个民族就在这里。不能认为是天主教徒加入了信奉长老教的国家。爱尔兰的天主教徒大约占到人口的五分之一至四分之一，虽是少数群体，但足以引起注意，使别人承认他们的存在。美国的爱尔兰天主教徒是后来到美国的，住在纽约和波士顿过度拥挤的公寓里，赚着低廉的工资。新南威尔士州的爱尔兰人虽然是犯人，却是最初就来到这里的，有人安顿在城市里，也有人住在乡下。美国和加拿大的城市与乡村都有民族飞地，在澳大利亚则不存在。对于英格兰人来说，澳大利亚带给他们的新鲜感不仅仅是遍地的桉树和炎热的天气，最重要的是跟爱尔兰人、苏格兰人做邻居。

一位爱尔兰天主教叛逆者认为，他在家乡时卷入的宗教斗争在这里无关紧要，这很让人诧异。他是个犯人，当年新教教会的代理人因他们不交教堂税而抢夺物品，他参与了暴乱，因此被判终生流放。他在新南威尔士州获得了假释许可证，妻子可以来和他团聚，他开始攒钱养家。卡罗琳·奇泽姆(Caroline Chisholm)做某项调查时就采访了这个人，这段采访记录突出强调了移民至澳大利亚的好处。这个人对奇泽姆说："这里的天主教徒和新教徒生活很安定，我从没见过有天主教徒和新教徒因为宗教问题打起来。"为了印证自己的话，他还提到一件事，为了把妻子接过来，他需要品德推荐信，天主教神父和新教牧师都给他签了字。他总结道："这是一个平和舒适的国家。"

这三个民族自古以来就互相仇恨，人们也总是强调天主教和新教的分歧。虽然上述两个问题依然存在，但人们更希望去控制这一来自旧世界的分歧，而不是让这种情况继续下去。我们在问题 2 中讨论过，伯克总督为国家和平付出了很多努力，他于 1836 年颁布了《教会法案》(*Church Act*)，规定以同等标准资助国教、长老教会和天主教会。社区组织在三个民族中均选取人员参与管理委员会，以此维护民族和平。爱尔兰代表的参与或许只是象征性的，但他们必须要参与其中。这就是我们祖先的政治正确。这样一来，议员、图书馆、互助会、体育俱乐部等都是为全社会服务的。但是无论人们怎么努力，有时还是会有不和谐产生，会出现宗派分歧。比如，天主教徒在组织力量增加其在管理委员会的席位；再如，曾有过这样的丑闻：新教徒试图让孤儿皈依新教，不让天主教神父接近病人。解决这些不和的方法就是各自设立组织委员会，这样教会间就能和平共处，但代价是出现分化。

澳大利亚人在殖民时期称自己是“英国人”，他们使用这个词并不是在怀念古老的家乡，而是在宣布三大王国的民族在这个新社会中权利平等，正如《前进，澳大利亚》(1878 年)第三节写道：

从英格兰、苏格兰、爱尔兰岛
来到这片土地的同胞，
让我们心连心手挽手，
使美丽的澳大利亚前进！

在澳大利亚，“英国人”除包括英格兰人、苏格兰人外，也包括爱尔兰人。但在联合王国，“英国人”一词则很少使用。当英格兰人想起要对苏格兰人保持礼貌时才会用这个词，苏格兰人用这个词则是为了引起英格兰人的注意，爱尔兰人当然不会用这个词指代自己，英格兰和苏格兰也不认为爱尔兰人是英国人。澳大利亚提出应把这片土地上的爱尔兰人也称作英国人，对此，这些爱尔兰人左右为难：当家乡的英国人压制爱尔兰人的独立请求时，澳大利亚的爱尔兰人觉得很难接受这一称呼;但当执政的自由党政府提议爱尔兰自治时,他们又觉得这个称呼可以接受,因为这样自己就会得到澳大利亚殖民者(包括爱尔兰人)早已享受到的自治权利。

19 世纪 70 年代开始,殖民地政府不再资助爱尔兰天主教的教会学校,天主教会表示不满。其他教派已经做好准备接受新的公立学校制度,正常教学过程中不再讲授宗教内容,但天主教的主教表示拒绝。他们呼吁爱尔兰人继续维持学校正常运转,并请来修士修女在学校承担工作。百年来,主教关注的首要政治问题是如何摆脱自己教会遭受的不公平待遇,因为他们养不起公立学校却必须出资,而自己的教会学校却一无所得。新教徒永远不会同意让政府资助天主教会学校,他们自己已经放弃建立教会学校,就更不会允许政府为他们深恶痛绝的天主教教会学校提供资金支持。大选时,“公立学校岌岌可危”成了有力的战斗口号。直到 1963 年,政府才做出让步,资助天主教学校和其他私立学校。此前,很少有人关注古老的宗教分歧。

继天主教徒的孩子被隔离在自己学校之后,主教又让教徒进一步远离社区,他们孤立地开办天主教医院、互助会、青年团体以及体育俱乐部。到 20 世纪初期,天主教徒和新教徒已经开始分开而居。新教徒也创建了一系列社会团体和体育机构。他们成立了秘密的反天主教组织共济会(Masons),天主教徒则发起南十字军骑士团(Knights of the Southern Cross)来回应对方。这些组织在商业和就业方面会照顾各自成员。有些公司只雇佣天主教徒或只雇佣新教徒,一些行政部门也是如此。但在大多数工作场所,两种信仰的人混在一起。天主教会学校和公立学校的孩子可能会在放学回家的路上唱些诋毁对方的小曲,但也会在同一条街上一起玩耍。

宗派情感在第一次世界大战期间爆发。因工党总理比利・休斯(Billy Hughes)希望征兵支援海外,但党内反对,所以他让人民就此问题进行公投。他相信人民一定会投支持票,这样工党就不得不同意。新教教会领导人悉数支持征兵。天主教的主教中,有一位支持,其他人不发表意见,但刚刚从爱尔兰来到墨尔本上任的大主教丹尼尔・曼尼克斯(Daniel Mannix)公开表示反对。

人们对需要巩固前线军事力量的呼声甚高,但曼尼克斯这位危险分子头脑冷静、语言诙谐。他说:“我们从报纸上得知,英国人要击退一切进攻。现在一个人也不能少!”其他天主教徒对战争和征兵的观点不同于曼尼克斯。他们不相信他所说的这场战争是一场“受利益驱使的普通贸易战”，也不认为穿上王国的制服是个屈辱。他们按照与其他教派相同的比例选定人数参军，一直奋战到战争结束。他们也没有显示出强烈的投反对票的倾向。但曼尼克斯成为爱尔兰天主教徒的偶像，帕特里克·奥法雷(Patrick O'Farrell)解释说，这是因为他是个反抗者，是敢于发表自己的言论而又不会被镇压的爱尔兰人。

曼尼克斯成为天主教徒的英雄，同时也成为新教徒心中的怪物。澳大利亚征兵计划最终失败，没能通过对帝国的忠诚度的考验，而曼尼克斯就是人们投反对票的罪魁祸首。人们自古以来就一直怀疑爱尔兰天主教徒的忠心，认为他们背信弃义，如今这一切都得到了证实。1918 年 4 月，4 万人挤进墨尔本展览馆，表达自己对国王和大英帝国的忠心，公开抨击曼尼克斯。

工党因征兵问题产生分裂。休斯带着国会中 25 位追随者退出工党，很快同自由党合并，成立国家党，其宗旨是“打赢战役”。用了这些策略后，休斯继续担任总理一职。同休斯一起退出工党的人大部分是新教徒，因此，国会中的工党成员更倾向于天主教。规模更大的党——工会及其分会——没有分裂，工党依然是工人的党，无论成员是天主教徒还是新教徒。不过，其公共形象更偏向天主教，这也就意味着一些新教徒不会投票给它。虽然大多数天主教徒支持工党，但工党在有关学校问题的党派纷争上依然保持中立态度，且这种状态一直持续到战后时期，令主教十分愤怒。1920年，新南威尔士州的主教带领自己所在党派要求天主教徒不给工党投票，结果一败涂地。澳大利亚工党是一头暴躁的野兽，天主教徒、新教徒、自由思想者在它的活动范围内和谐共处。

20世纪时的另一大型组织退役军人服务团（the Returned and Services League）把所有老兵联合在一起，拒绝一切党派政治联盟或宗教联盟。但该组织无法完全忽视宗教，因为它在澳新军团日游行结束后举办了一场宗教仪式。其本意是不分派别，但即便如此，天主教徒依然无法参加，因为天主教的主教立场强硬，表示天主教徒只能参加天主教的祭拜活动。维多利亚州退役军人服务团没有放弃，希望新教徒和天主教徒的矿工可以一起做礼拜。1938年，服务团制定了一项规定，曼尼克斯大主教表示可以接受。祈祷者在祈祷过程中保持静默，赞美诗是《仁慈之光，请指引我》（*Lead, Kindly Light*），这首赞美诗选得十分巧妙，因为其作者是天主教徒，且歌词中没有明确提到上帝。

以上就是旧澳大利亚宗教和种族分歧之混乱的部分证据——但也说不上特别混乱。人们包容或消融旧世界分歧的意愿十分强烈，这里有纷争，有调节，区域范围内也有和平。尽管有差异，但澳大利亚人会求同存异，彼此和谐相处，这就为同移民和平相处打下了良好基础。

澳大利亚人的交互方式就是平等主义。或许你记得科林斯教授说过，澳大利亚不存在平等主义，因为它和其他社会一样，是阶级社会。这是社会科学家们常犯的一个错误，他们应该放下对不平等的研究，转至其他方向就会有更多发现。平等主义是澳大利亚人弱化不平等差异的方式。面对面，我们就是平等的，摆威风就是天大的冒犯。英国小说家 D. H. 劳伦斯（D. H. Lawrence）在《袋鼠》（*Kangaroo*）（1923 年）一书中就曾写道：在澳大利亚，一些人的确高人一等，但从不会有人认为某些人高他人一等。

如今，各个层次的人彼此都以"兄弟"相称。19 世纪 50 年代的金矿上，所有人互称兄弟，但那时候所有人都穿着粗糙的衣服，靠体力劳动生活。当普遍差别再次出现后，"兄弟"一词逐渐消失。但男人们愈加重视互相平等对待，这里不包括女人。这也就意味着，上层阶级不会居高临下地对工人讲话，工人也不会对上层阶级额外尊重。其根源很难追溯，因为我们知道，在第一次世界大战时，澳大利亚士兵就不愿向长官表示尊重，当然，如果长官能力很强，他们很愿意听从指挥。长官也不在乎这一点，因为仅靠军队纪律就有办法保证士兵服从命令，前提是他们愿意这样做。这支部队里，许多军官的社会地位很高。战后，在退役军人服务团里人们不再提及军衔，战争纪念碑上，官兵的名字不按级别排列，而是按字母顺序排列。

这一进步的基础是澳大利亚的繁荣。工资待遇优越的工人生活水平有保障，自尊心强，值得人尊重。无技术工人同技术工人相比，收入相差无几。如果社会底层是大批又脏又臭的穷人，那么这样的社会是不会向民主方向发展的。

包容、不拘束、平等的社会才会很好地吸收移民；当然，只有以同样的态度对待移民，才会有更多人愿意来到这里。澳大利亚人在同非英国人共处方面毫无经验，且对他们有强烈的敌意，那么究竟是什么使得澳大利亚接纳他们呢？简短地说，就是政府的强制要求。

考虑到澳大利亚人反权威的性格，或许你会认为这不太可能，事实上千真万确，澳大利亚民族十分顺从——看看他们对以下事情的接受程度吧：系安全带、酒驾检测、戴头盔、禁烟措施以及强制投票，在以上所有方面，澳大利亚都是先锋。关于强制投票，没有哪个以英语为母语的国家希望学习澳大利亚。就这一主题，我曾写过："澳大利亚人质疑个人权威，但对公共权威十分服从。"

*

制定移民计划的根本目的是增加澳大利亚人口，促进经济发展。第二次世界大战中，这个 700 万人口的国家虎口逃生。曾有一个阶段，战火似乎已经迫在眉睫。日本军越过欧文·斯坦利岭(Owen Stanley Ranges)，距离莫尔斯比港(Port Moresby)不足 40 英里(约 64.37 千米)；他们轰炸了达尔文(Darwin)、布鲁姆(Broome)、汤斯维尔(Townsville)，并派出小型潜水艇驶入悉尼港。历史上，只有美国人救过澳大利亚。

亚瑟·卡尔韦尔(Arthur Calwell)是首任联邦移民部长，也是新政策的策划人。他极力主张维护白澳政策，曾在战争期间将在澳大利亚避难的亚洲人驱逐出境，同澳大利亚人结了婚的人也不例外。他向国民宣传，需要用移民计划保护白澳。有澳大利亚人为自己是英国白人而自豪。卡尔韦尔说，如果你希望国家始终保持白人状态，就要在"英国人"这一点上有所妥协。欧洲有很多白人，如果没有足够的英国人，可以让他们做移民。

所以移民计划就成了国家建设和防御外敌的一部分。这些移民不是不请自来，接纳他们也不是澳大利亚人向大英帝国尽义务不得已而为之，比如英国就曾不得已接受西印度群岛人和巴基斯坦移民。移民对于国家存亡来说至关重要，民众已完全理解其中的意义所在，因为人们对上一次战争还记忆犹新。打动他们的不是澳大利亚的仁慈心，而是个人利益。

澳大利亚人或许会发一些有关移民的牢骚，但也差不多都接受了移民，然后按照习惯对待他们。如果他们必须留下，就理应受到公平对待。一贯排外不是澳大利亚人的作风——对土著居民除外。一位犹太难民曾说："不是所有社会都认为犹太人和难民是最可尊可敬的移民。澳大利亚人不喜欢小题大做，他们只是不喜欢犹太人和外国人而已，但不会做出其他恶劣行为。"说句公道话，科林斯教授也表达过类似观点：或许澳大利亚人反对移民，但其反对态度没有转化为行动。

随着老澳大利亚人对移民的深入了解，他们发现了移民值得尊敬的一面。我母亲在城区的母婴商店卖徽章，下班回来后，她说，移民从来不买徽章，但他们会把孩子打扮得很漂亮。我的法语老师说，下雨时澳大利亚人就停工，但移民会在头上、身上套个袋子继续工作。我的阿姨一家住在上等郊区，他们十分钦佩一位卖水磨石发家致富的意大利邻居。

卡尔韦尔深知澳大利亚人喜欢给外国人起侮辱性绰号，于是他对国民说，可以称新移民作“新澳大利亚人”。他们不是外来劳工，而是未来的公民。如今人们批判这个词有民族同化倾向（或许移民并不希望立刻成为澳大利亚人），但这个词显得热情洋溢。哪个国家会立刻给外国人冠上国民的名字呢？新日本人？新德国人？新法国人？新美国人（美国人更喜欢用族裔来表示，如波兰裔美国人，爱尔兰裔美国人等）？新英国人？他们如果是大英帝国的人，那么或许会得到这样的称呼，但如果是1万名在多佛尔（Dover）登陆的意大利人，那就不会被称作新英国人了。

澳大利亚人有着双重身份——他们既是澳大利亚人，又是英国人。移民则不能被称为新英国人，因为他们没有正宗的英国血统。另外，他们不知道“不列颠万岁”①的含义，也体会不到它所激发的感情。但移民被给予了双重身份中的一重，即澳大利亚人，这一重是非正式的，具有社交含义：融入其中，做个好人，不要惹麻烦。自相矛盾的是，官方邀请移居来的新澳大利亚人成为第一批纯正的澳大利亚人。

新移民计划的实施过程会让那些希望政客遵守诺言、

① 原文为“Rule, Britannia”，是英国海军军歌，英国著名的军歌之一。——译者注

遵循恰当管理程序的人大失所望。卡尔韦尔自己对吸收非英国移民这件事比较随意。美国这个“大熔炉”吸收了许多民族，卡尔韦尔对此欣羡不已。二战期间，那些人曾穿着美国军装在澳大利亚街头亮相。卡尔韦尔的祖父是美国人，19 世纪 50 年代来到澳大利亚淘金，所以卡尔韦尔对美国历史十分感兴趣。但他行事谨慎，承诺吸收欧洲人和英国人的比例是 1∶10。

卡尔韦尔 1947 年刚着手在欧洲招募移民时便困难迎头。当时没有船只可以将英国移民运送至澳大利亚，所以他迫不得已转向别处。他首先开始游说皮肤白皙的斯堪的纳维亚人，但他们对移民毫无兴趣。对移民感兴趣且国际难民组织统一安排运送的人只有政治难民，战争结束，他们要么无法重返祖国，要么不愿重返祖国。这些人，卡尔韦尔想带走多少都可以，但这样做就会违背自己做出的 1∶10 的诺言。不过，他决定违背诺言，并得到了总理本·奇夫利的许可。这件事没有汇报给内阁，原因就是可能会被内阁否决。后来有可用船只时，英国移民的确被送来了，但在计划实施的前四年，英国人只占移民的 40%。

难民组织规定，移民国家在选择政治难民时不得有歧视行为。卡尔韦尔让其移民代理人无视这条规定，尽量选择年轻体壮、皮肤白皙的人。随后，他返回澳大利亚，负责监管向澳大利亚人民兜售移民计划的公关活动。这是第一次举办这种活动，他们按照美国规格举办，目标除了广播、报纸以外，还有主要舆论领袖和利益群体。抵达澳大利亚的第一艘船标志着卡尔韦尔计划的胜利——船上是波罗的海地区居民，他们个个单身，皮肤白皙，男俊女靓，很是上相(欢迎他们的移民部长则不能用这个词来形容)。

来到澳大利亚的政治难民有拉脱维亚人、爱沙尼亚人(即波罗的海地区居民)、波兰人、乌克兰人、匈牙利人、捷克人以及南斯拉夫人，总计 17 万，对于英裔澳大利亚来说是全新的成员。官方从未把这些战争受害者描述为遭受苦难、无家可归之人，他们需要受到欢迎，因为他们是有用之人。

1949 年，奇夫利政府下台，卡尔韦尔不再担任移民部长一职。罗伯特·孟席斯(Robert Menzies)领导的自由党政府继续实行移民计划，他们经常赞许该计划的启动者卡尔韦尔，并把移民范围扩大到意大利人、希腊人、皮肤黝黑的欧洲人以及后来的土耳其人。1960 年，卡尔韦尔担任工党及反对党领袖。三次大选失败后，他于 1967 年让位于高夫·惠特拉姆(Gough Whitlam)。晚年时期，他自己所在的党派决定废除白澳政策，并把移民范围扩大到亚洲人，这使得他颜面扫地。未能当选总理，他很失望；但因为成功地推行了不起的移民计划，他在澳大利亚历史上，比大多数总理的地位都重要得多。

*

二战结束后，经济没有如预料般衰退，反而迅速发展，无人失业。1949 年奇夫利下台时，只有 1 200 人靠救济金生活。新来的移民很轻松地就可以找到工作，移民会抢占澳大利亚人的工作这一论断也毫无说服力。

工会一直以来都对移民持反对态度。我们已经知道，工人阶级反对移民，这一做法有效地保证了较高的工资水平。卡尔韦尔十分重视工会，主要目的是让他们支持移民计划。他不得不劝说他们不仅要放下对移民的怀疑态度，而且要支持这样的人口大批流入。卡尔韦尔的优势在于他是工党的忠实党员，所以没有人会怀疑他希望降低工资保障标准。如果换做自由党，则必然无法搞定工会。

对于对付工会来说，巩固白澳政策这一需要是一张好牌，但卡尔韦尔还必须保证移民得到法定最低工资。在工资由联邦仲裁法庭及各州类似机构管理的经济体制下，很容易做到这一点。工会一直担心来自贫穷国家的人愿意拿低工资。但一旦工资水平由官方控制，不管移民的工作经验有多少、期待工资是多少，都会得到符合现行标准的工资。另外，卡尔韦尔必须承诺会鼓励移民加入工会。

第一批移民，即政治难民，被指定工作地点，服务期限为两年。移民表示同意这一澳大利亚之旅的条件，这样会降低他们同本地人竞争工作机会的可能。他们被分配到乡下的建筑工地，或是服务于雪山工程。澳大利亚从他们的劳动中受益，这些人却不能与家人团聚，他们的技能也被忽视。虽然当地人认为为了能够在澳大利亚安家，这是平等交易，但也有一些人为此愤愤不平。他们带来的安定及繁荣很受人欢迎。

20 世纪 50 年代移民来的意大利人和希腊人没有被指定工作地点。他们掌握农业技术，但这种技术的需求量不大，不过因为制造业的规模在不断扩大，他们可以很轻松地在工厂里找到工作。一位不识字、不会讲英语的农民登陆澳大利亚的第二天就能在生产线上拿着最低工资开始工作了，并且加入了工会——尽管可能他自己并不知情。

由于就业充分，工资不断增加，意大利家庭或是希腊家庭可以过上富足的生活。夫妻二人都有工作，和其他家庭同住一段时间后，他们就能够付得起订金买下自己的房子了，然后就成为得体的澳大利亚郊区居民。但也并非完全如此，对于他们来说，土壤不能全都浪费在花坛里或草坪上，他们前屋后院的土地都用来种蔬菜水果了。

后来，毫无技术、不懂英语的农民再也不能在澳大利亚过上好日子了。20 世纪 70 年代，制造业衰落，整体而言，可供无技术人员选择的工作越来越少。移民计划开始吸收有技术、懂英语的人。1996 年上台执政的约翰·霍华德(John Howard)自由党政府从移民计划中去掉了家庭团聚内容，因为受到资助的人大多没有工作技能(虽然工党的机械工可能会雇佣他们摞树枝)。底层移民不得不靠福利为生，这对于 20 世纪四五十年代移民计划取得的成功而言，是个悲哀的结局。

或许“成功”已经开始逐渐褪色。我们必须承认，整个移民计划中，一些移民受到公开的敌意攻击，一些人失望至极，返回祖国。失望的原因有很多，澳大利亚不能提供欧洲的乡村生活是其中之一。移民或多或少都会有心理创伤。我要阐述的“成功”，是指在产生最少社会紧张的情况下吸收了大量外来者。

*

移民计划刚开始实行时，官方政策是移民要融入集体，去除差异，尽快被同化以适应“澳大利亚生活方式”。20 世纪 60 年代，政策从“同化”改为“融合”，仍要寻求社会凝聚力，但方式较为柔和。20 世纪 70 年代，政策发生了根本性改变，要求接受多元文化社会，不要再为差异担心，而是要赞美差异。

人们对移民历史中的政策及其变化给予了过度关注，但现实情况与政策并非紧密相关。如果认为事情进展刚好同政策相反，那么就离真相更近了一步。

20 世纪 40 年代，决策者不希望出现飞地。当时确实有飞地，省会城市里出现了小意大利和小希腊。移民没有迷失自我，为了在他乡彼此扶持，他们自然而然地集群而居。他们彼此为邻，雇佣同胞做自己的买卖，经营家乡风味饭店，开办自己的报纸，组成民族队伍踢足球。政府邀请他们做澳大利亚国民，且移民局把这看做同化考验，但很多移民接受起来很慢。他们生活在自由团体里，无视政策内容。

最令人担心的是，移民组建了民族协会，决策者担心这样会重新激起旧世界的分歧。但实际上，这些组织主要是提供联络和娱乐的社交群体。决策者意识到自己的错误后，立即开始资助这些组织，并把他们变成游说者和福利机构——尽管同化仍然是当时的官方政策。

移民逐渐富裕起来，他们搬出了飞地，第二代或第三代移民已经同其他移民群体或是老澳大利亚人通婚了。20 世纪 70 年代，政府颁布多元文化政策，鼓励移民保护自己的文化，但这时捷克人和荷兰人几乎已经不复存在，因为他们的外族通婚率很高。作为单独群体的意大利人和希腊人也正在逐渐消亡。孩子们即便继续使用父母的语言，也仅仅是在同父母讲话时，同他人讲话时他们使用英语，大多子嗣已经同外族人通婚。

移民的独居程度和融合程度不取决于政府政策，而是主要取决于他们在澳大利亚生活时间的长短，新来的移民独居程度更高。第二个因素就是群体对自己文化的坚持程度——希腊人要比意大利人更坚持自己的文化，因为他们有自己的教会，更关心保护自己的语言，但最终的结果却是一样的。穆斯林对其宗教的依附可能会让他们更加远离主流社会，虽然这种依附的本质及力度各有不同。

多元文化主义是指在一起生活的不同民族群体要保护自己的文化。有些人担心这样会导致过于多样化，降低社会凝聚力，其实他们不必过度担心，因为族群正在逐渐消失。相较于其多元文化的特征而言，澳大利亚更像是个熔炉。多元化程度没有增长，反而在降低。人口学家查尔斯·普赖斯(Charles Price)这样总结澳大利亚的经历：

> 澳大利亚人口的民族特征恰恰与下列特征相反：各个独立的民族相邻而居，彼此间的交际

相对很少，不停地努力让自己民族的语言和文化得以保留，族内联姻，保持民族特征。

下方图表将政策变化同事实结果进行了对比：

政策

同化　融合　多元文化主义

→

多样性增加

事实

单独社区　散布在郊区，语言消亡　与外族通婚

→

多样性降低

影响重大的政策一直没有变。移民计划始终由政府完全掌控，政府负责监控成效，并依据经济状况和公众态度调整移民数量。抵达澳大利亚的移民数量一直很多，但人们对移民泛滥的恐惧态度有所好转（难民一方的情况则全然相反）。在计划实施的前 30 年，因为有两党支持，所以人们自然而然产生的对大量外国人流入的担忧没有被有政治意图的人利用。

移民来自多方。最初，这样做只是为了将引进移民的数量最大化——充分利用政治难民，不管他们的国籍是哪里，但后来这一政策有了目的性，即实现“分而治之”。如果所有移民都讲同一种语言，就会有人拿他们作筹码提出

分离主义的主张(就像美国的拉丁美洲人一样)。不同民族的移民讲着不同种类的语言,所以,只有英语能作官方语言。在移民学生不花钱的情况下为其开设英语课程,是政府一直不变的做法。

从多个国家吸收移民的缺点就是同时引入了旧世界的仇敌。塞尔维亚人和克罗地亚人,希腊人和马其顿人,希腊人和土耳其人,阿拉伯人和犹太人,这些视彼此为敌的人如今都居住在澳大利亚,有时古老的争战也会在这里重新爆发。足球比赛是换了一种方式的战争。只要互为对手的移民群体扰乱社会秩序,官僚就会严重批判他们。同化时期,官方谴责他们扰乱澳大利亚式生活方式,后来,人们谴责他们扰乱多元文化的澳大利亚,但其实换汤不换药。

避免旧世界纷争的愿望不只是政治主张,它根植于澳大利亚人民的内心深处,几乎从欧洲殖民刚刚开始时就已经非常明显。一直以来,澳大利亚人民追求的不是高尚的道德,而是体面舒适的宁静生活。在许多移民看来,这样的生活平淡乏味,但他们也从社会安定中受益许多。

*

20 世纪 70 年代中期,一些移民未经批准就来到这里。

澳大利亚官员在马来西亚和泰国的难民营对这些难民进行审核，合格的再用飞机运送至澳大利亚。只有两千多人未经官方批准乘船抵达澳大利亚，约 79 000 人经官方批准乘飞机进入澳大利亚。这标志着澳大利亚开始从亚洲大规模地吸收移民。

20 世纪 90 年代起，中东地区的庇护寻求者开始从印度尼西亚乘船而来，他们前往圣诞岛（Christmas Island）的距离很短，但要付给“人贩子”一大笔费用。这样来的人并不是很多，但大多数澳大利亚人，包括最近经批准来的移民，都希望关停这条通往澳大利亚的路径。双方政府为防止再次有船只登陆澳大利亚，协力采取更加严格的措施来打击乘船外逃的难民，将他们关在远距离的拘留中心，在新几内亚和瑙鲁的拘留中心对他们进行审核，即使难民申请成功，也会拒绝他们提出的去澳大利亚生活的请求。约翰·霍华德领导的自由党政府成功制止了难民船只，凯文·拉德（Kevin Rudd）和朱莉娅·吉拉德（Julia Gillard）领导的工党刚执政时放松限制，但当难民入境数量急剧增加时，他们不得不改变做法。2013 年，托尼·阿博特（Tony Abbott）领导的自由党上台执政，承诺中止难民船只入境。

庇护寻求者背后有很有权势的拥护者。澳大利亚对乘船外逃的难民的做法让这些拥护者感到惊愕羞耻。澳大利亚人的种族主义和仇外情绪根深蒂固，是他们能找到的唯一解释。但这个假设靠不住，因为澳大利亚人已经悄然接受了大量各种肤色、各种信仰的移民。上文我们提到过国际上对待移民的态度，经过对比，可以证明澳大利亚人非常包容。民意调查显示，澳大利亚人把接受难民看作政府的人道主义计划的一部分，但他们不欢迎那些乘船来的难民。

引起民愤的是乘船外逃难民的入境方式。这种方式不受管控，所以入境人数就会爆发式增长。他们不是在逃难，也没有受到澳大利亚的邀请，而是把自己强加给澳大利亚，所以人们有理由相信他们并非都是真正的难民。这与引进移民的通常做法完全背道而驰，冒犯了澳大利亚人坚持平等主义的本性，而这一本性正是移民计划取得成功的原因之一。对乘船外逃难民最有力的批评就是他们会插队。

问题 7

为什么澳大利亚不是共和政体？

很久以前曾有一位年轻人，对澳大利亚为什么没有成立共和政体这个问题非常困惑，所以向我提出疑问。

简短地回答，澳大利亚没有成立共和政体的原因和加拿大、新西兰一样。这三个国家共同加入了历史上独一无二的帝国。英国允许海外殖民者在其国内事务上有自治权，20 世纪 20 年代给予其全部国家主权，包括防御及外交事务权。他们仍然拥有同一元首，国王在代表加拿大时成为加拿大国王，代表澳大利亚时成为澳大利亚国王，诸如此类。君主政体分离，以适应帝国的各个独立国家。当然，君主本人没有分离，只是国王或女王会戴着不同的王冠。

这一了不起的进步的必然结果就是，继续承认英国君主是自己国家的首领，有权力就王位继承规定表达立场。2011 年，英国首相提议更改规定，这样男孩就不再比女孩有优先权，此时，他必须征求其他国家包括加拿大、澳大利亚以及新西兰的同意。

在这样的商定下，拥有相同传统的独立国家组成了松散组织，所以，这些制度会一直沿用到现在，也不令人惊讶。

要详细地回答这个问题，则复杂得多。澳大利亚在世界上地位特殊，因与帝国的关系，其历史与众不同。19 世纪 80 年代，国内爆发了分离主义和共和运动，但 1901 年帝国热情高涨时，澳大利亚在帝国内部建成了国家。它没有参与 20 世纪 20 年代保卫领土的自治权运动，20 世纪 90 年代尝试建立共和政体但以失败告终。接下来我们会讲到，前两项进程与第三项息息相关。

*

19 世纪六七十年代，政治家以及有影响力的公民完全可以宣称，澳大利亚要想拥有未来，必须脱离英国，独立自主，且这一论断无可争议。这一脱离主张会被友好地执行，当然了，不是要即刻脱离，但如果澳大利亚继续壮大繁荣，将来就有能力自我管理，隶属于某个宗主国就会显得不合适、不必要。北美殖民地脱离英国时只有 300 万人口，1877 年，澳大利亚人口已经达到 200 万。

美国殖民地宣布脱离英国、独立自主时，需要另外一个强国——法国的军事援助才能赢得独立战争。澳大利亚人考虑和平脱离英国时，认为澳大利亚位于南太平洋，远离欧洲各大强国间的竞争，所以很安全。她拥有天然的防御屏障，即《前进，澳大利亚》中提到的“大洋环绕四周”。

19 世纪 80 年代，这个梦想被猛然打破。德国宰相俾斯麦（Bismarck）认为德意志帝国不应该仅仅是个陆地帝国，应该收购海外殖民地同英国抗衡。于是，他把目标锁定在太平洋，开始寻找无主土地。德国的死敌——法国也开始效仿。所以，在尚未建成独立国家之时，澳大利亚就卷入了帝国纷争之中。

只有一个强国能够制止这些可能图谋不轨的帝国——大不列颠。1883 年，澳大利亚首次尝试成立联邦国家，主要是为了向英国施加更多压力，清除那些傲慢自大的人。这项事业由维多利亚州发起，因此新南威尔士有疑虑，于是维多利亚州进一步坚定了胜利的信念——英国或许会对六个争吵不休的殖民地视而不见，但绝不会对一个国家放任不管。只是，维多利亚州最终不得不接受实力微弱的联邦委员会，因为新南威尔士并没有加入其中。

过了三年之久，这个力量薄弱的委员会才举办了第一次会议。同时，争取让英国保护殖民地的运动还在继续。昆士兰州州长托马斯·麦基尔雷思（Thomas McIlwraith）怀疑俾斯麦在觊觎新几内亚，于是把星期四岛（Thursday Island）的治安法官派到莫尔斯比港，宣称英国拥有此片土地的主权。但英国政府不承认这一举动同自己有关，这一行为惹恼了澳大利亚人，他们确信英国要撇开他们不管了。后来俾斯麦宣称星期四岛为德意志国土时，澳大利亚人民的这种感觉变得更加强烈。但德国只占领了岛屿东北部，两大列强经过协商，东南部归英国所有（西部被荷兰占领）。

法国人则觊觎新赫布里底群岛（New Hebrides）（现称瓦努阿图[Vanuatu]），计划将犯人运送至此地。这一行为触碰到了澳大利亚的痛处：**你觉得因为这里曾经有过犯人，所以我们就不会介意了？**事实上，他们非常介意，因为别人把那段历史摔在了他们脸上。英国政府得知了运送犯人这件事，于是安排同法国洽谈，要求停止流放犯人计划，并以承认法国拥有群岛主权作为回报。但怒火中烧的澳大利亚人并不满意，他们希望英国完全压制住法国。

相比政客的自吹自擂，英国人更重视澳大利亚殖民地的需求。英国在瓜分世界的同时也要保证列强和平，还要保护帝国；但澳大利亚人不知道做这些事要多么地小心翼翼，他们只是执着地认为，因为他们是殖民地居民，所以英国不重视他们，如果他们能够成为国家的领导者，一切都会好转。

英国自身则越来越意识到殖民地的重要性。德国和美国即将在经济力量上超越英国，英国的世界领先地位受到威胁。想要保住自己的位置，英国就需要利用殖民地的经济力量和军事力量。

1884 年，帝国联邦同盟在伦敦成立，其成员国备受瞩目，该同盟的目的是促成宗主国与其自治殖民地正式结盟。1887 年，英国政府举办了首届殖民地会议，所有自治殖民地首领均奔赴伦敦参加了这场会议。英方介绍了他们关心的事宜，所有愿意接受爵士封号的殖民州州长都得到了封号。澳大利亚人表示，为了加强英国海军在澳大利亚海域的力量，同意负责其军事支出。这场会议是阿尔弗雷德·迪金促成的，他是维多利亚州代表的领头人，也是土生土长的澳大利亚人，但他拒绝接受爵位，且公开批评英国首相索尔兹伯里（Salisbury）勋爵，直言不讳。迪金说，澳大利亚人跨过半个地球来到英国，不是为了被告知在处理法国问题上遇到了困难的。殖民地希望英国政府多考虑他们的利益，并且与法国交涉。

可以确定的是，英国对殖民地的兴趣愈加浓厚，所以危险出现，迫在眉睫。澳大利亚没有自然而然地取得独立，反倒事与愿违。一个与众不同的国家即将诞生——它纯洁、年轻、自由，如今，它却要同旧世界维系得更加紧密了。这个新生国家要放弃自身利益而服务于英国利益吗？隶属于帝国的国家，似乎自相矛盾。一些人认为，成立国家后澳大利亚必定会对帝国不忠，还有一些人认为隶属于帝国的国家算不上真正的国家。

对此疑惑不解、疑虑重重的群体的力量不可小觑。召开殖民议会时，托马斯·麦基尔雷思已经不是国会议员。昆士兰州州长塞缪尔·格里菲思从伦敦打道回府，身上肩负着帮助解决英国海军支出问题的任务，但此时，支持麦基尔雷思的国会议员则采取行动拒绝承担这一责任。麦基尔雷思同其追随者组建国家党，1888 年，他凭借澳大利亚联邦独立计划赢得大选。麦基尔雷思不是反对联结英国，只是希望澳大利亚与其相对保持距离，他的口号是“联盟但不依赖”。

19 世纪 80 年代中期，出现了一小批彻底的共和派，他们活跃在昆士兰州和新南威尔士州，主要是刚从英国来的工人，因为这两个州还在继续实行移民计划。这些人从英国带来了共和主义和社会主义。他们是共和派，并不是因为他们是彻头彻尾的澳大利亚民族派（毕竟他们刚刚登陆澳大利亚），而是因为他们认为君主制就是特权和不平等的根源。

1880 年，悉尼开始发行的全国性报纸《公报》（*Bulletin*）周刊就是共和派报纸。这份报纸在英国新的激进议题中找明了自己的方向，但呈现出澳大利亚独特的品位和智慧。这是唯一一份绘有漫画的报纸，其漫画生动形象、尖锐有力。《公报》周刊培养了民族主义文学，刊登了亨利·劳森和 A. B. 巴尼奥·佩特森的早期作品。体面人是不会读这份报刊的，因为它对王室恶言相加。

共和派激进无礼，得罪了人，如果让英国认为殖民地不接受其帮助的话，就很危险。其彻头彻尾的拥护者寥寥无几，但人们之所以持敌对态度，主要是担心他们的影响势力会扩大，因为当时有太多不确定因素，包括国家（当时尚未建国）、帝国（或许过于关注殖民地）以及二者的关系。共和主义只是一个选择，直到最近才引发争议。

1887 年，悉尼的共和派反对庆祝维多利亚女王登基 50 周年的活动计划，因此夺得众人瞩目。市政厅里正在召开一场公众集会，招待学生，共和派控制了这场会议，认为为了纪念女王而举办聚餐活动违背了民主价值观。为了反击这种不忠的观点和行为，市政厅又召开了第二次集会，但为了不让共和派参与，特意印制了邀请函。共和派伪造了邀请函，又一次涌入会场。悉尼的社会名流在舞台上讲话，但共和派不停地大声嘲笑、尖叫，没有人能听见演讲人在说什么。大家三次举杯赞颂共和政体。如今，这场宴会早已被遗忘。悉尼不得不组织一次声势浩大的游行，以表对女王的忠诚。这次活动在展览厅举行，官方对参与人员进行了严格把关，并出动警方和军方保护活动顺利进行。

共和派把市政厅的宴会搅成一锅粥的时候，在舞台上讲话的是第四次担任新南威尔士州州长的亨利·帕克斯先生。他是谴责对女王不忠的领军人物，但私下里，他对参与这项事业的年轻人还有着些许同情。毕竟，19 世纪 50 年代，他自身也曾是短时间的共和派，那个年代英国尚未给予殖民地自治权，殖民地的未来也是飘忽不定的。

帕克斯曾同意接见一位年轻的共和派，他就是澳大利亚土生土长、崭露头角的诗人亨利·劳森。年轻人的母亲路易莎是女性选举权的主要倡导者（帕克斯十分支持这项事业），她希望帕克斯能帮劳森寻得一份工作。帕克斯似乎没有照做，但他赞扬了劳森的诗。他可能读过劳森在

《公报》上发表的第一首诗《南方之子》(Sons of the South),也可能亨利带给他赏读过:

南方之子,做出选择吧!
(南方之子,请选择真理)
黎明大地,还是迟暮大地?
老枯树,还是小绿树?
贵族和女王的土地,
还是你自己的土地?

帕克斯认为,澳大利亚即将迎来一场危机。如果要抵制分离主义和共和主义的诱惑,必须迅速建成拥有全部主权的澳大利亚之国,这样一来,继续留在大英帝国,就不会对这个新生的国家有任何损失。1889 年,他发动了一场运动,倡议建成联邦,并上书英国首相索尔兹伯里勋爵,陈述成立帝国议会的必要性。

帕克斯的运动取得了惊人的成功。我们在问题 4 中已经知道,他成功打破了维多利亚州和新南威尔士州关于新国家贸易政策的僵局。1891 年前,联邦会议通过了澳大利亚联邦的宪法草案。草案规定,澳大利亚隶属于大英帝国,但拥有全部主权,包括防御权和外交权,尽管当时英国政府依然会对这些事务进行监管。该宪法没有被采用，但其拟定过程打消了很多恐惧。英国政府没有参与宪法拟定，澳大利亚人开始决定自己的未来。

索尔兹伯里勋爵没有给帕克斯一个满意的答复。索尔兹伯里认为帕克斯希望成立帝国议会（这正是帝国联邦同盟的计划之一），所以他说，成立这样的机构，澳大利亚就会被印度代表淹没，而这一定会威胁到白澳政策。但帕克斯的目的并非如此，他要建立的是代表所有白人殖民地的议会，可以决定帝国防御和外交政策方向的议会。他再次向索尔兹伯里递交提案，其实，后来澳大利亚多任总理一直为这一事业努力，但如今提案中的这一部分已经不那么重要了。19 世纪 90 年代，分离主义和共和主义的形势变得不利。经济危机、工人罢工、银行倒闭，似乎澳大利亚已经没有希望独立了，于是社会主义派和共和派把精力投入到新成立的工党中去，工党当时不经心地考虑过社会主义制度，但没有考虑过共和制。共和主义最有力的倡导者《公报》于 1891 年放弃了共和事业，于 1894 年同意在英国的统治下成立联邦制国家。

19 世纪 90 年代，英国和澳大利亚的帝国热情高涨。1895 年，澳大利亚各州州长同意再次召开制宪会议，同时，伦敦的约瑟夫·张伯伦（Joseph Chamberlain）成为殖民地国务大臣。他是一位精力充沛、意志坚决的部长,致力于帝国的壮大。他正确地认识到殖民地不再愿做二等公民,于是给予他们帝国中心的荣誉角色。1897 年,在庆祝维多利亚女王登基 60 周年时,他从帝国的所有从属国请来部队同女王共同游街行至圣保罗大教堂。殖民地的所有首相均受到邀请,所以为保证首相参加庆祝活动,澳大利亚第二次制宪会议不得不搁置。张伯伦安排殖民地首相同英国国务大臣共同站在教堂门前的台阶上迎接女王。

1899 年,张伯伦向南非的布尔(荷兰裔)共和国挑衅,发起战争。他计划把这个国家及新发现的金矿和钻石全部纳入英属南非范围。计划的另一部分内容是让各个殖民地派出部队,把这场战争当作帝国探险。各个殖民地对此作出积极回应。澳大利亚派来的丛林分遣队在南非英勇战斗、牺牲,为这个新生国家带来了荣誉。打过这场战役的澳大利亚老兵参加了 1901 年在悉尼举行的联邦游行。

这场游行由新南威尔士州州长威廉·莱恩(William Lyne)组织,他认为这个国家最了不起的地方就是它隶属于大英帝国。他提议,这次游行应按照伦敦举办女王登基周年庆典时的皇家军事规格操办。张伯伦当然对莱恩的主意表示满意,并反复要求由英国财政部负责其活动支出。于是，穿着耀眼护甲的皇家近卫骑兵团和戴着头巾的印度部队便成了悉尼街头游行的明星人物。相比之下，和澳大利亚联邦主题相关的花车黯然失色，就像在工会举行的那次游行中，一位年轻女子身着一袭白衣以代表澳大利亚，其光鲜也被掩盖。

问题 4 结尾我们提到过，澳大利亚的民族主义中的公民因素呈现出将要衰弱的早期标志。人们对帝国、军事荣誉以及热血牺牲的热情正在掩盖和平统一六个殖民地的成就。澳大利亚人不会以通过民主手段制定民主宪法为豪，而是以运动员的成就、士兵的训练有素为豪。代表澳大利亚的纯洁女子形象也在逐渐黯淡。

澳大利亚愿意一直做英国人。做英国人，是统一英格兰、苏格兰、爱尔兰三大王国的手段。帕克斯呼吁统一的一大诉求就是同一血统的同胞不应是分裂状态——他们所有人都有“血缘关系”。但 1901 年时，这个国家多了个名号：大英帝国无可争议的一部分。此刻，谈及共和主义就是禁忌。

就在帝国热情高涨时，澳大利亚民族主义也在发展壮大，二者相互促进。隶属于大英帝国，国家就更光荣、更安全；不再需要监管六个吵来吵去的殖民地，而是成立一个国家，帝国就会更强大、更友好。

对帝国忠诚并不意味着臣服。1900年，阿尔弗雷德·迪金称他的同胞为“独立的澳大利亚籍英国人”。澳大利亚坚持独立。刚迈入20世纪时，英国希望澳大利亚同意加入欧洲一触即发的战争，澳大利亚拒绝了，有关战争是否会爆发、何时爆发，澳大利亚保留判断权。在两场世界大战中间的和平时期，澳大利亚和英国就贸易政策问题的争论颇为激烈。

澳大利亚部长和英国部长之间的分歧通常都是秘密讨论的，所以即便是己方人员也不知道这些争端的存在。档案公开后，我们才了解到，1922年，英国在没有同澳大利亚协商的情况下，便把澳大利亚士兵送到对抗土耳其的战场上去时，比利·休斯是多么愤怒；1939年，当英国一再催促澳大利亚把士兵送去参与欧洲内部纷争时，孟席斯总理是多么谨慎。澳大利亚总是希望英国多注意澳方态度，多协商，正如他们所说，这样他们会对大英帝国更忠心，但是从属关系会带来益处，也会滋生失望。

*

澳大利亚殖民地发起联邦运动、建成联邦的同时，日本正在崛起。1895 年，日本发动战争战胜了中国，1905 年，又打败欧洲强国俄国，成为不可小觑的一股力量。如今，澳大利亚面对的是坚持扩张主义的亚洲强国，从日本向南航行到澳大利亚只需一周时间，且日本很可能反对被打造为国家理想的移民政策，即白澳政策。澳大利亚靠自己的力量无法抵抗或打败日本，它从未像此刻一样需要帝国的帮助。

如果依靠大英帝国，问题就是，英国海军正在应对德国崛起，已经捉襟见肘，没有能力继续统治七大洋。英国为了维持其在太平洋的势力，在 1902 年同日本结成同盟。对于澳大利亚人来说，这样并不能完全安心。第一次世界大战爆发前的几年，澳大利亚在国防方面投入了大量资金，以防日本翻脸时英国海军无法及时抵达澳大利亚海岸。他们创建了澳大利亚海军，并且强制要求和平时期也要对年轻男性进行军事训练，这项规定绝非英国风格。

盎格鲁-日本联盟一直持续到一战期间，作为英国同盟，日本行事非常谨慎细致。日本战舰护航澳大利亚运兵舰跨过印度洋。英国对日本海军的需求越来越多，因此日本提高了要求，其中一些花销需要由澳大利亚满足。正如内维尔·米尼(Neville Meaney)所说，澳大利亚为保住大英帝国，在欧洲战场进行激战时，还和日本进行着一场

“冷战”。

虽然一开战，澳大利亚就俘获了德属新几内亚，但日本要求获得赤道北部外围岛屿的主权。英国向澳大利亚施压，要求其同意日本这一要求。1916 年，澳大利亚总理比利·休斯正在伦敦，日本大使又提出两项要求：签订贸易协定，放宽移民条件。贸易方面还可以商谈，但休斯绝不会同意放松白澳政策的执行。他返回澳大利亚，相信澳大利亚的最大威胁将是英国的同盟——日本将要在战争结束后提出的要求。

休斯返回祖国后，立刻宣布支持征兵。工党里的敌人指责他在英国时“过于讨好对方”，现在是在服从英国指挥。事实上，他同英国决策者接触得越多，就越担心他们会把澳大利亚出卖给日本。他支持征兵，不是为了打赢战役，而是希望证明澳大利亚和其他所有国家一样会全力以赴。否则，澳大利亚在和平会谈中就会处于弱势地位。

因英国在战争中被步步紧逼，而且严重依赖帝国部队，所以自治领地的总理得到了设在伦敦的皇家战时内阁席位。该机构和帕克斯追求的帝国议会十分接近——只是并非所有重要议题都得以提交讨论。但这里为休斯提供了大本营，他自此要求自治领地应有己方代表出席凡尔赛和平会议。休斯是凡尔赛会议上最强硬的代表，将自己全副武装，不达目的不罢休。虽然两次关于征兵的公投都以失败告终，但澳大利亚还是刚好成功地提供了五个师团，且澳方军队在挫败德国的过程中发挥了重要作用。休斯虽然来自一个小国，但自夸代表六万牺牲的士兵。

会议上，休斯反复请求大英帝国整个代表团支持他保护白澳政策。澳大利亚接受国际联盟(League of Nations)授权接管新几内亚，他认为，新几内亚也必须实施白澳政策。这样做，不是说要把棕色皮肤的土著人变成白人，而是为了防范日本人和其他亚洲人在那里殖民。起初，托管领地的持有人允许日本人等亚洲人自由出入，最终，为了满足澳大利亚(以及同样接管德国殖民地的南非和新西兰)的要求，与会代表团编写了一套特殊的委托书，规定控制国可以制定国内法。

另一大威胁源自日本人，他们希望国际联盟的纲领性文件规定种族平等，并要求，联盟内的所有国家都要平等对待成员国人民。无论这项要求的语气是多么缓和，休斯都不予理睬，一旦照做，就将是瓦解白澳政策的第一步。加拿大人告知休斯，他们针对日本的移民计划进行得井然有序，因为从理论上讲，他们和欧洲人有平等的移民权利，但事实上日本不会给工人颁发出境签证。日本人向休斯保证,他可以签订这条协议。这样不就打消了他的首要疑虑了吗?

实际上并没有。最初之所以制定白澳政策,是因为人们担心廉价劳动力的涌入,但这种恐惧转变为了民族信仰,而且饱含宗教狂热。

休斯提出反对,意味着不以任何形式采纳日本的提议,日本人愤愤不平地打道回府了。休斯之所以能够达成所愿,只因为得到了帝国支持。其与帝国关系的一个作用便是澳大利亚可以冒犯位于其北方的亚洲强国。

休斯回到祖国,受到了英雄般的欢迎。他对国会说,通过他的一番努力,白澳政策才得以保全,并提醒国会议员,澳大利亚是承蒙了上帝和大英帝国的恩典。他说,只有英国海军才能保证国家完整。遗憾的是,他们依然不能完全依赖英国海军。盎格鲁-日本联盟不复存在,英国在新加坡建立了海军基地,以保护澳大利亚不受日本侵犯。一旦出现危险,就会从此基地派出战舰。只是,届时会派出多少船只?他们要多久能够抵达?两次大战之间的和平期,澳大利亚领导人不停地追问这两个问题。外界一直批评他们太轻信别人,但他们自己也一直在追问,因为不放心。除此之外,还能做些什么呢?他们在国防上投入更多,寻求美国保护(但以失败告终),敦促英国对德国和日本实行全面甚至夸张的绥靖政策。或许澳大利亚是个小国，无法保证不受强国入侵，英国虽弱，但总比没有要强。

两次世界大战期间，加拿大和南非就两国主权完整问题达成了正式共识，并开始行使主权。加拿大在巴黎、华盛顿以及东京设立了大使馆，南非在巴黎、华盛顿和海牙设立了大使馆。

这两处领地不像澳大利亚一样政策公开，且人口中非英国人比例大，魁北克省以法国人为主，前布尔共和国以阿非利卡人为主。澳大利亚如其所称，98%的人口是英国人，贸易对象主要为英国，它需要帝国帮助其防御外敌。因此，澳大利亚没有参与正式确立全部主权的行动，实质上也反对这样的行为。澳大利亚认为国家主权已经存在，但如果大英帝国要继续作为一股强大力量在世界上存在，那么正式确立国家主权就会削弱情感纽带。澳大利亚仍寄希望建立某种机制，将帝国内的自治领地更紧密地联合在一起。理想的话，应该制定帝国防御和对外政策。加拿大和南非对此不大关注，不希望受帝国的行为限制。

两次世界大战期间，澳大利亚工党几乎每年都在联邦问题上持否定态度。鉴于 1914 年至 1918 年期间因对帝国效忠而产生的后果，工党坚持孤立主义，对帝国持怀疑态度，但对领地自治的正式确立也毫无兴趣。它一如既往地强烈支持白澳政策，也就是说，对帝国关系的质疑停留在态度层面，没有实施具体政策。

英国老政治家亚瑟·鲍尔弗(Arthur Balfour)在1926年的帝国议会上给出了新帝国的定义。他的语言巧妙简洁，并删去了“独立”一词，目的之一就是安抚澳大利亚：

> 大不列颠和各个领地都是隶属于大英帝国的自治团体，彼此地位平等，作为英联邦成员可以自由往来，虽然共同对国王效忠，并因此结合在一起，但在国内及对外事务方面，绝无隶属关系。

这些原则写入了1931年《威斯敏斯特条例》(*Statute of Westminster*)。遵照澳大利亚的意愿，该条例只有被澳大利亚国会采纳后，才适用于澳大利亚。1942年，澳大利亚国会才采纳了该条例，且没有大张旗鼓地宣传，采纳的目的是打消在二战期间他国对澳大利亚是否有能力控制商船并保证其安全的疑虑。

*

日澳战争于1941年12月7日拉开序幕，也就是悬峙议会从联合党政府过渡到约翰·柯廷领导的工党政府的几周后。为应对日本发起的挑战，温斯顿·丘吉尔没有向新加坡派去舰队，而是派去两艘战舰。遗憾的是，航母护航受到耽搁，日本空军击沉了“威尔士亲王号”战舰和“反击号”战舰，海军基地失去了战略意义。日本迅速向马来半岛发起进攻，丘吉尔考虑放弃其海军基地。柯廷政府对他说，关于新加坡基地，英国做出过诸多承诺，如今放弃就是背叛。这是让丘吉尔把英国军队和澳大利亚军队留在那里的原因之一。但他们无力抵抗日本进攻，10 万帝国士兵被俘虏。

大英帝国和澳大利亚的灾难就此降临。1941 年 12 月 27 日，柯廷向澳大利亚人送去了新年寄语，他说：“我要毫无顾忌地表明，澳大利亚要指望美国，因我们与英国的传统亲缘关系而带来的苦痛从此不再有。”这是澳大利亚总理所讲的、引用度最高的一句话。人们认为这是澳大利亚历史开启新纪元的标志。实际上，这一行为铸成了大错。

柯廷向美国寻求帮助并不是什么新鲜事。他一直认为，如果英国无法保护澳大利亚，那么就必须向美国求助，而且相信血缘关系会胜过美国的孤立主义。二战之初，罗伯特·孟席斯出任总理，他在从伦敦返回澳大利亚的路上访问了华盛顿，罗斯福总统向他保证，如果日本袭击澳大利亚，美国会提供一定的安全保障。1941年5月，孟席斯回到澳大利亚后立刻在悉尼市政厅召开了大型会议，并进行全国转播。他说："我们澳大利亚越来越仰仗东面势力，伦敦越来越仰仗西方势力，我们的目标都是美国的民主。我相信我们不会白白寄托希望。"这句话赢得了众人欢呼。

虽然柯廷的呼吁没有新意，但至少可以说达到了某种效果。美国人确实前来援助了，但并不是因为柯廷的新年寄语而来，而是因为他的新闻秘书写给所有澳大利亚人的一篇报纸上的文章而来。当时，丘吉尔和罗斯福正在华盛顿会面，计划制定全球联合战略。此前已经决定，美国将在此地区的战争中担起主要责任，且美国部队已经进驻澳大利亚。

柯廷讲话中的新颖之处是与英国的关系带来的"苦痛从此不再有"。这句话在澳大利亚引起极大的惊慌，并同时惹恼了丘吉尔和罗斯福。后来，柯廷收回了这句话，表达了自己对国王和帝国的忠心，这是他个人的真正立场："帝国内，没有哪个国家比澳大利亚更忠实于英国生活方式和英国习俗了。我们对国王陛下的忠诚已经成为国家生活的核心。"他进一步表明，"帝国的稳定"是工党作战计划的基石。柯廷的首席国防顾问说得对，他本应写"对我们同英国的关系毫无影响"。

虽然澳大利亚成为美国反击日本的基地，但美国没有为澳大利亚提供持续的安全保障。这一点是孟席斯自由党政府于 1951 年协商签订的《澳新美安全条约》(the ANZUS Treaty)中确定的。多年来，因工党部分成员反对该条约，所以工党一直被批评为在国防上“软弱无能”。工党回应，是柯廷发起了同美国联盟的行动，应由柯廷对此负责。但事实并非如此。

事实上，对于美国在太平洋争夺主权的活动，柯廷表示担忧，他想努力壮大大英帝国。他提议成立秘书处，在总理大会期间协调成员活动。虽然澳大利亚各州的思想方针并不完全相同，但都尝试过建立类似机构，只是都以失败告终——柯廷也是如此，原因在于加拿大持反对意见。

不过，柯廷已经意识到，澳大利亚对英国施加影响的可能性要大于美国。英国虽然实力明显落后于美国和俄国，但仍然是一大强国。1945 年，柯廷去世以后，本·奇夫利领导的工党政府与英国保持了紧密联系。澳大利亚继续向英国提供了定量的黄油。政府允许英国在南澳大利亚州的伍默拉(Woomera)建立远程火箭设施。20 世纪 50 年代，英国在澳大利亚进行了核弹试验。澳大利亚人欣然接受了蘑菇云，因为英国研制导弹，可以让澳大利亚更安全。

尽管战争带来诸多变化，20 世纪 50 年代的澳大利亚完全符合柯廷的描述,依然是英国式社会。这一点,我可以作证。学生时代,我从未听说过柯廷,但我听说过丘吉尔。在学校,我们学习英国历史、地理和诗歌。休息时,我们玩一项叫作“英国斗牛”的粗鲁游戏。周一早上,我们要唱《天佑国王》,1952 年后改唱《天佑女王》。1954 年女王访问澳大利亚,观众人数之多前所未有,我们学校的男孩子们有幸在女王面前表演了体操。周一早上的仪式上,英国国旗升起,我们吟诵道:

> 我是澳大利亚人。
> 我爱我的祖国,大英帝国。
> 我尊敬她的国王,国王乔治六世。
> 我向她的国旗——英国国旗敬礼。
> 我愉快地许诺遵守她的法律。

在我的青少年时期,所有私人或是公共场合下祝酒都要先“为忠诚于君主而干杯”。20 世纪 60 年代,人们决定废除这种做法,我也发挥了一小部分作用。在我一个朋友的婚礼上,作为司仪,我没有提“为忠诚于君主而干杯”,遭到了新郎叔叔的指责。

20 世纪 60 年代,英裔澳大利亚走向终点,其标志是英国争取加入欧洲共同体。人们设想过多种澳大利亚脱离英国的方式，但没有人想过英国会放弃英语世界之首的位置。最终，在英国人的推动下，澳大利亚人成为了纯粹的澳大利亚人。成为“独立的澳大利亚籍英国人”从此失去了意义。

*

英国退出后，留下了空缺，“新民族主义”崛起，正好起了弥补作用。澳大利亚用独立主权的全部特性来武装自己：国歌，效忠誓词，对澳大利亚艺术作品给予更多支持，授勋制度，澳大利亚土生土长的人担任总督，不再呼吁设立枢密院。20 世纪 60 年代开始，几位著名作家及学者呼吁确立共和政体，这个话题不再是禁忌，但仍然很具争议。

其中最著名的是历史学家曼宁·克拉克（Manning Clark），他曾著成长达六卷的《澳大利亚史》（*History of Australia*），是澳大利亚进步事业的领袖。《澳大利亚史》的最后一卷，出版于 1987 年，题目引自亨利·劳森在 100 年前写成的诗句——《老枯树与小绿树》。克拉克希望成立共和国，以复兴古老的激进传统，为国家注入新的生命，而不是效仿欧洲，或是敬畏欧洲。这个梦想吸引了一些人加入共和主义事业，但 1991 年开始的有组织的共和运动并不认同这种主张。

澳大利亚共和运动以其目标的单一性而著称。他们的目标就是成立共和国，不附加其他任何事业，所寻求的向共和主义的转变也十分微小。总督应由拥有类似权力（主要是在正式场合下代表国家元首）的总统取代，由上、下议院同时投票选举，且支持票数需超过三分之二。

这场运动参与人数不多，但比此前的运动更具有影响力。19 世纪 80 年代，悉尼的共和派伪造了邀请函，扰乱了集会。1991 年的澳大利亚共和运动在悉尼的五星级宾馆启动，其领导者社会地位显赫，所以派了政治保安处的两位警察在门口把守。这场运动发源于悉尼当权机构内部，参与人员来自商界、专业界、媒体界及艺术界等各个领域，他们财运亨通，事业成功，名闻一方。运动促进了其他州的分支的壮大，但只有悉尼拥有如此强大的精英团。这场运动的成效立竿见影，共和事业获得了更多公众的支持。民意调查显示，超五成的澳大利亚人支持成立共和国，还有一些调查中超六成的人支持。

这场运动的领导者主要关心的是地位问题。他们认为，与英国藕断丝连，是他们的耻辱，是国家的耻辱。一个紧邻亚洲的、成功的、多元文化国家依然受英国君主的左右，很是荒唐。这个国家需要自己的身份。他们所说的是一个尚未成熟、尚未完全抛开殖民地历史的国家——一个尚未完全觉醒的国家，这个国家必须脱离英国，开启新的历史篇章。并不是所有澳大利亚人都同意这种观点，即便支持成立共和国的人也不全都同意这种看法，但这种观点的确表明了澳大利亚的共和运动比后期加拿大和新西兰要猛烈的原因。

共和派意识到国家历史有空缺，这个空缺切实存在，因为澳大利亚没有政体起源的历史。1901 年的里程碑——成立民主国家——被帝国热情和为之战斗的士兵的象征意义掩盖。1931 年的里程碑——确定领地独立——遭到摒弃（新西兰也是如此）。其结果就是，即便最高法院也无法说出澳大利亚是何时成为独立国家的。1931 年，澳大利亚没有采用《威斯敏斯特条例》，1939 年任命了首批大使，1942 年采用了《威斯敏斯特条例》。那么独立时间，究竟是 1931 年，还是 1942 年呢？《不情愿隶属王国的殖民地》（*Colony to Reluctant Kingdom*）一书的作者是历史方面的专家，他选择了 1931 年。加拿大人民有争取自治领地身份的抗争历史。他们曾于 20 世纪 20 年代的帝国议会上要求独立，于是 19 世纪 60 年代在伦敦草拟的宪法终于在 1982 年被送至加拿大，以后可以在加拿大进行修订。

国庆节只是庆祝 1788 年英国在悉尼湾登陆的纪念日，澳大利亚国民记忆的空白被凸显。联邦之父认为，1 月 1 日可以作为联邦日，这是真正的国庆节，可以纪念联邦的开创，但一年以后，这个纪念日就被淡忘了，1 月 1 日只是元旦而已。相比之下，加拿大的国庆节则是在庆祝 1867 年加拿大联邦的成立，新西兰的国庆节也不是庆祝英国首次殖民，而是纪念 1840 年英国总督和毛利人首领签订《怀唐伊条约》(*the Treaty of Waitangi*)，这一条约如今被视作国家的纲领性文件。

这三大领地中，澳大利亚的人口构成在现代时期变化最为明显。曾经，98%的澳大利亚人口是英国人，并且令国人引以为豪的是都是白人(这一点，加拿大和新西兰都无法企及，因为加拿大有法国人，新西兰有毛利人)。因人口的“纯洁性”受到了日本的威胁，所以澳大利亚不得不向英国寻求保护。新加坡的沦陷以及日本的进攻没有影响澳大利亚对英国的效忠程度，但推动了其在战后实行大规模移民计划。按照计划，只有 10%的移民是非英国人，我们在问题 6 中已经看到，计划开始实行后非英国人的数量立刻超出计划许多。移民来源国范围扩大，20 世纪 60 年代，澳大利亚在亚洲的战略上遇到了危险，所以改变了此前的策略，放弃了白澳政策，鼓励亚洲移民。起初，澳大利亚是最英国式的领地，后来成为最多元化的领地。

和加拿大、新西兰不一样，澳大利亚从未与土著人签订过条约。另外两个领地也排斥亚洲移民，但没有让种族主义成为民族认同的核心内容。澳大利亚离亚洲最近，却最排斥亚洲人。

*

1991年至1996年，保罗·基廷（Paul Keating）任工党政府总理，是他首次尝试将澳大利亚改革为共和制。他扬言，在他着手这项事业之前，共和政体只是茶余饭后的谈资，这些话忽略了澳大利亚共和运动所取得的初步胜利，正是这场运动使人们觉得共和主义可以接受。基廷把这项事业同他重建澳大利亚的宏伟蓝图联系在一起，他要建设的澳大利亚经济开放，土著居民拥有土地权，保证本国在亚洲的安全，不排斥亚洲人，更重要的是要建成共和国。1993年大选时，他承诺组建专家委员会，以便探讨共和政体的准备事项。专家团由澳大利亚共和运动的领导者、商业银行家马尔科姆·特恩布尔（Malcolm Turnbull）主持工作，他按时写成了一份内容详尽的报告，报告结论支持由上、下议院同时选举总统，支持票数需超过三分之二。

这位有创见的共和派总理也相当好战，他严厉指责自由派反对党过去支持大英帝国（好像工党从来没支持过帝国一样），现在不支持共和政体。共和运动发起者很乐于有一位致力于共和主义事业的总理，但他们知道，想要让运动取得成功，就必须得到两党的支持，而且只有通过宪法公投才能实现这样的改变。可是众所周知，宪法公投很难推行，且如果两大党中有一方反对，公投就没有希望。

自由党在共和政体这件事上的态度自相矛盾。他们批评基廷在逼迫民众接受共和政体，同时又承诺，如果赢得 1996 年大选，他们会召开制宪会议，考虑共和政体。后来，基廷不再盲目推崇共和政体。1996 年大选时，他承诺让澳大利亚人民投票表态是否愿意改为共和政体，如果投票结果是支持，会组建多党派议会委员会草拟提案。

自由党在公然主张君主派的约翰·霍华德的带领下赢得了 1996 年大选。鉴于君主制主张的失败，摆在他面前的最恰当的保守方法就是谨慎地向共和政体转变。个人反对共和政体并不能让他免去这项责任。（威灵顿公爵曾反对天主教解放运动和国会改革，但他本人在推动这两项改革方面的作用至关重要。难道他不知道这一点吗？）人们对共和国改革的需求更加迫切，因为民意调查显示，民众希望直接选举总统，取代总督，这是对威斯敏斯特政体更具破坏性的变革。霍华德对此并不认可，所以，官方召开的讨论共和政体改革的会议，是由持反对意见的总理主持的。

与会代表中，一半由国民邮寄选举产生，一半是政府任命的。政府任命的成员包括联邦议会和州议会的政治领袖，以及社会活动家。约六成投票支持共和政体，三成支持君主政体，其他人态度暧昧。由于政府原因，政府任命的代表支持共和政体和君主政体的票数不相上下。显然大多数人支持共和政体，所以会议按照原则决议支持共和政体。但是，要建立什么形式的共和政体呢？

共和派内部产生了严重分歧。约四成的共和派投票支持直接选举总统。这些人是后来参与到这件事中的，一部分受到了君主派的资助，这是他们的破坏战术。为了满足他们的要求，议会选举总统的人选范围扩大，目的是要在总理选定一位总统候选人提交至联合议会之前，提供更多总统候选人。这一计划没有赢得大多数议会代表的支持，但霍华德相信该计划无法成行，所以决定将其递交给国会，再由公民进行决议。

公投在 1999 年举行。君主派没有支持女王，他们同支持直接选举的人联手，反对国会选举总统。他们谴责国会选举总统，认为那样就意味着共和国是政客的共和国，甚至政客也对此表示认同。他们说，人民应该坚持要求更高的权力，即亲自选择总统。君主派希望这项提议被否决后不会再有新的提议。的确，该提议轻轻松松地就被否决了，全国45%的人投了赞成票，且在任何一个州都不占大多数。投反对票的人中有一半支持成立共和国。直接选举总统的提案差一点就要被执行了（政客们绝不会这样做）。

澳大利亚共和运动选择了由国会选举总统，因为这是由成功概率决定的，鉴于历史上制宪公投向来以失败告终，因此政体的改变程度应该被降到最低。他们深知，政客们不希望产生一位人民赋予权力的国家元首，因为他会挑战总理权威，破坏威斯敏斯特政治体制。他们也深知，澳大利亚人民不希望政客做国家元首。避免出现这种情况的最好办法，是强迫两大党派认可同一候选人，这样就可以规定国会须有三分之二支持票。如果公开选举，可以让两党提供候选人，这样就可以选举出政客（或者是一个党派支持的人选）。

人民的行事方法似乎有些反常，所以这一计划没有取得成功。虽然民众倾向于直接选举总统，但他们会选择一个相反类型的总统。在旧的英裔澳大利亚，民众会认为尊重威斯敏斯特国会政府的原则更为重要，但如今之所以能够提出成立共和国，仅仅是因为英裔澳大利亚已经成为许久以前的历史了。大家的共识是，因为澳大利亚是民主制国家，所以人民就应该自己选择总统。之所以更倾向于直接选举总统，原因之一是一些人希望打破当前的政治制度，他们希望有个强势的总统，能够让政客们遵守诺言。澳大利亚共和运动没有为澳大利亚提供新的身份，而是为民粹主义提供了反抗的机会。

有关为何澳大利亚不是共和政体这个问题，最终答案就是，在这个似乎有希望建立共和国的时刻，民众对政客愈加不信任，这就意味着在如何取代君主制这一问题上，政客和民众的态度不一致。如今，澳大利亚在这一问题上处于过渡时期。

参考文献

问题 1　为什么土著居民没有成为农民？

p. 9，“考古学家里斯·琼斯(Rhys Jones)……”：Rhys Jones，“Fire-Stick *Farming*”*Australian Natural History*，vol. 16，1969，pp. 224 - 231.

p. 10，“1788 年(及之前)，人们从事了农业生产……”：Bill Gammage，*The Biggest Estate on Earth*，Allen & Unwin，Sydney，2011，p. 281.

p. 12，“负责马博一案的律师团队……”：B. A. Keon-Cohen，“The Mabo Litigation：A personal and procedural account”，*Melbourne University Law Review*，vol. 24，no. 3，2000，pp. 918 - 919.

p. 16，“农业的发展究竟多大程度上……”：Contrast Peter Bellwood，*First Farmers：The origins of agricultural societies*，Blackwell，Malden MA，2005，with Graeme Barker，*The Agricultural Revolution in Pre-History*，Oxford University Press，Oxford，2006.

p. 17，“布莱尼称土著居民……”：see chapter 13 of Geoffrey Blainey，*The Triumph of the Nomads*，Macmillan，Melbourne, 1975.

p.18,“他们的领导者文森特·林吉阿里(Vincent Lingiari)说……”:Frank Hardy, *Unlucky Australians*, Rigby, Adelaide, 1976, p.90.

p.19,巴克教授的汇总单:Barker, *The Agricultural Revolution*, p.383.

p.20,“有一种解释……”:Charles B. Heiser, *Seed to Civilization* (second edition), Freeman, San Francisco, 1981, pp.27 - 28.

p.23,“观察家库克船长……”:Manning Clark, *Sources of Australian History*, Oxford University Press, London, 1957, p.54.

p.24,“有一位人类学家专门研究……”:A. K. Chase, “Northern Australia”, in *Foraging and Farming*, edited by David R. Harris & Gordon C. Hillman, Unwin Hyman, London, 1989, p.52.

p.25,“一个威拉德朱里人(Wiradjuri)……”:Richard Broome, *Aboriginal Australians: A history since* 1788, Allen & Unwin, Sydney, 2010, p.32.

pp.26 - 27,“土著居民养牛技艺高超,他们十分自豪……”:Ann McGrath, *“Born in the Cattle”*, Allen & Unwin, Sydney, 1987, pp.174 - 175.

问题2 犯人流放地是如何和平过渡为民主国家的?

本章采用了本人撰写的《犯人社会及其敌人》(*Convict Society and its Enemies*)和《殖民地民主制的奇怪诞生》(*The Strange Birth of Colonial Democracy*)两本著作中的内容。后来这两本书重印为合集,名为《致命海岸上的自由》(*Freedom on the Fatal Shore*, Black Inc., Melbourne, 2008),且书中提及人们对新南威尔士的相反观点,并作出回应。另见本人文章《流放地》,收录于 Norval Morris &

David J. Rothman (eds), *The Oxford History of the Prison*, Oxford University Press, New York, 1995.

问题 3　为什么澳大利亚很早就富起来了?

p. 61,"澳大利亚的生活水平位居世界最高之列……": Ian W. McLean, *Why Australia Prospered*, Princeton University Press, Princeton, 2013, pp. 11 - 12.

p. 64,"格雷丝·卡斯肯丝(Grace Karskens)提醒说……": Grace Karskens, *The Colony: A History of Early Sydney*, Allen & Unwin, Sydney, 2009, pp. 175 - 177.

p. 66,"1788 年至 1822 年间……": N. G. Butlin, *Forming a Colonial Economy: Australia 1810 - 1850*, Cambridge University Press, Melbourne, 1994, p. 69.

p. 66,"那里有明目张胆的欺诈……": Butlin, *Forming a Colonial Economy*, p. 66.

p. 68,"但在这一行业,距离并不是问题……": Geoffrey Blainey, *The Tyranny of Distance*, Sun Books, Melbourne, 1966; see Chapter 5.

p. 69,"人们通过增加……": Graham J. Abbott, *The Pastoral Age: A re-examination*, Macmillan, Melbourne, 1971, p. 106.

p. 70,"澳大利亚最伟大的……": W. K. Hancock, *Australia*, Jacaranda, Brisbane, 1961 [1930], p. 20.

p. 71,"爆炸式殖民化": James Belich, *Replenishing the Earth: The settler revolution and the rise of the Anglo-world, 1783 - 1939*, Oxford University Press, Oxford, 2009, p. 179.

p. 71,"开阔的草地……": For the contrast with Argentina, see my "La sociedad rural y la politica en Australia, 1850 - 1930", in J. Fogarty, E. Gallo & H. Diegue (eds), *Argentina y Australia*, Instituto Torcuato Di Tella, Buenos Aires, 1979, reproduced in part as "Transformation on the Land" in my *Sense and Nonsense in Australian History* (Black Inc., Melbourne, 2006). See also McLean, *Why Australia Prospered*, passim.

p. 74,"发现金子的消息……": John Woodland, "Company Mining in the Australian Gold Rush", PhD thesis, La Trobe University, 2009.

p. 79,"关于这些投资的成效……": H. M. Boot, "Government and the Colonial Economies", *Australian Economic History Review*, vol. 38, no. 1, 1998, pp. 74 – 101; Lionel Frost, "Government and the Colonial Economies: An alternative view", *Australian Economic History Review,* vol. 40, no. 1, 2000, pp. 71 – 85; and H. M. Boot, "Government and the Colonial Economies: A reply to Frost", *Australian Economic History Review*, vol. 40, no. 1, 2000, pp. 86 – 91.

p. 83,"正是在这期间……": Ian W. McLean, "Australian Economic Growth in Historical Perspective", *Economic Record,* vol. 80, no. 250, 2004, pp. 334 – 335.

p. 86,"截止到 1890 年时,澳大利亚……": Raymond Markey, *The Making of the Labor Party in New South Wales 1880 – 1900*, New South Wales University Press, Sydney, 1988, p. 140; Stuart Macintyre, *A Concise History of Australia* (second edition), Cambridge University Press, Melbourne, 2004, p. 124.

问题 4 为何澳大利亚殖民地结成了联邦?

本章采用了本人撰写的著作《感性的民族:澳大利亚联邦的成立》(Oxford University Press, Melbourne, 2001)、《澳大利亚历史中的理智与荒唐》(*Sense and Nonsense in Australian History*)(Black Inc., Melbourne, 2006)一书中的章节"女性与历史",以及论文《中国人与联邦制》,该论文收录于 *After the Rush: Regulation, participation, and Chinese communities in Australia, 1860 - 1940,* edited by Sophie Couchman, John Fitzgerald & Paul Macgregor (Otherland, vol. 9, 2004).

p. 113，“人民希望我们……”：Clark, *Sources of Australian History.*

p. 118，“芬利·克里斯普(Finlay Crisp)曾是……”：L. F. Crisp, *The Parliamentary Government of the Commonwealth of Australia*, Longmans Green, London, 1949 (later reissued as Australian National Government).

问题5　犯人出身对民族特征产生了怎样的影响？

p. 120，“大约 40 年前……”：Henry Reynolds, ““That Hated Stain”: The aftermath of transportation in Tasmania”, *Historical Studies*, vol. 14, no. 53, 1969, pp. 19 - 31.

p. 122，“威廉·豪伊特(William Howitt)曾于……”：William Howitt, *Land, Labour and Gold,* Lowden, Kilmore, 1972[1855], pp. 188 - 189, 310.

p. 123，“在英国也会有一些工人……”：See Terry Coleman, *The Railway Navvies,* Penguin, Harmondsworth, 1965.

p. 124，“1940 年，乔治·奥威尔(George Orwell)……”：George Orwell, “The Lion and the Unicorn”, in *The Penguin Essays of George Orwell*, p. 147.

p. 126，“墨尔本的无赖……”：Frank Crowley, *Colonial Australia 1875 - 1900, Nelson,* Melbourne, 1980, p. 33.

p. 128，“1850 年，有一首英文诗……”：F. G. Clarke, *The Land of Contrarieties,* Melbourne University Press, Melbourne, 1977, p. 170.

p. 128，“1879 年，人群……”：*Sydney Morning Herald,* 10 February 1879.

p. 128，“1942 年，温斯顿 · 丘吉尔（Winston Churchill）……”：Graham Freudenberg, *Churchill and Australia*, Macmillan, Sydney, 2008, p. 1.

p. 129，“1899 年，新南威尔士总督……”：*Sydney Morning Herald*, 11 May 1899.

p. 131，“一个国家的诞生”：*Sydney Morning Herald*, 8 May 1915. Ashmead-Bartlett" s wording, punctuation and arrangement are different in the Argus of the same date, which is reproduced in Frank Crowley, *Modern Australia in Documents, vol. 1, 1901 - 1939*, Wren, Melbourne, 1973, pp. 234 - 235.

p. 133，“新西兰没有急于……”：See my *The Sentimental Nation*, pp. 221 - 222.

p. 135，“丹尼斯写了首诗为他们辩护……”：C. J. Dennis, *The Moods of Ginger Mick*, Angus & Robertson, Sydney (editions post - 1918).

p. 138，“如果你厌倦了这个老生常谈的主题……”：Les Murray, *The Quality of Sprawl*, Duffy & Snellgrove, Sydney, 1999, pp. 26 - 28.

问题 6　为什么战后移民计划取得了成功?

本章采用本人撰写的文章《澳大利亚的荒诞历史》(“Australia's Absurd History”)(收录于《澳大利亚历史中的理智与荒唐》)、《处理差异》“Managing Difference”以及《或多或少的多样化》(“More or Less Diverse”)（收录于《寻找澳大利亚》(*Looking for Australia*))；James Jupp (ed.), *The Australian People: An encyclopedia of the nation, its people and their origins*, Angus & Robertson, Sydney, 1988; and John Lack & Jacqueline Templeton, *Bold Experiment: A documentary history of Australian immi-gration since 1945*, Oxford University Press, Melbourne, 1995.

p. 139，“约翰·韦斯顿(John Western)教授出版过……”：John S. Western, *Social Inequality in Australian Society,* Macmillan, Melbourne, 1983, p. 257.

p. 141，“最近，安德鲁·马库斯(Andrew Markus)……”：Andrew Markus, Peter McDonald & James Jupp, *Australia's Immigration Revolution,* Allen & Unwin, Sydney, 2009.

p. 141，“在自己的教科书中……”：Jock Collins, *Migrant Hands in a Distant Land,* Pluto Press, Sydney, 1988, pp. 195 - 196.

p. 143，“一位爱尔兰天主教叛逆者认为……”：Margaret Kiddle, *Caroline Chisholm,* Melbourne University Press, Melbourne, 1990, pp. 195 - 196.

p. 145，“正如《前进，澳大利亚》(1878 年)第三节写道……”：Frank Crowley, *Colonial Australia 1875 - 1900*, Nelson, Melbourne, 1980, p. 48.

p. 148，“但曼尼克斯成为……”：Patrick O'Farrell, *The Irish in Australia,* New South Wales University Press, Kensington, 1986, p. 263.

p. 148，“1918 年 4 月，4 万人……”：*Argus,* 10 April 1918, p. 9.

p. 150，“英国小说家 D. H. 劳伦斯(D. H. Lawrence)……”：D. H. Lawrence, *Kangaroo,* Penguin, London, 1950, p. 27.

p. 151，“就这一主题……”：John Hirst, “The Distinctiveness of Australian Democracy”, *Papers on Parliament,* no. 42, December 2004, p. 124.

p. 153，“一位犹太难民曾说……”：Eugene Kamenka, “Australia Made Me”, *Quadrant*, October 1993, p. 26.

p. 153，“说句公道话……”：Collins, *Migrant Hands in a Distant Land*, p. 210.

p. 161，“人口学家查尔斯·普赖斯（Charles Price）……”：James Jupp（ed.），*The Australian People*，pp. 127 – 128（emphasis added）.

问题 7　为什么澳大利亚不是共和政体？

本章采用马克·麦肯纳（Mark McKenna）的著作《俘虏共和国：澳大利亚的共和主义历史，1788—1996》（Cambridge University Press，Melbourne，1996）中的思想，以及本人撰写的著作《感性的民族》和文章《劳工与征兵》（“Labor and Conscription”）、《走向共和》（“Towards the Republic”）（收录于《澳大利亚历史中的理智与荒唐》），以及《柯廷是最优秀的总理吗？》（收录于《寻找澳大利亚》）。

p. 178，“1900 年，阿尔弗雷德·迪金……”：Alfred Deakin（edited by J. A. LaNauze），*Federated Australia*，Melbourne University Press，Melbourne，1968，p. 8.

p. 179，“正如内维尔·米尼（Neville Meaney）所说……”：Neville Meaney，*Australia and World Crisis 1914 – 1923*，Sydney University Press，Sydney，2009；see chapters 5 and 6.

p. 184，“英国老政治家亚瑟·鲍尔弗（Arthur Balfour）……”：W. J. Hudson & M. P. Sharp，*Australian Independence: Colony to reluctant kingdom*，Melbourne University Press，Melbourne，1988，p. 93.

p. 186，“1941 年 5 月……”：*Sydney Morning Herald*，27 May 1941.

p. 186，“后来，柯廷收回……”：James Curran，*Curtin's Empire*，Cambridge University Press，Melbourne，2011，p. 14.

p. 189，“英国退出……”：This is discussed in James Curran & Stuart Ward，*The Unknown Nation: Australia after empire*，Melbourne University Press，Melbourne，2010.

p. 190，“这场运动的成效……”：Opinion polls on the republic are

recorded and analysed in Malcolm Turnbull, *Fighting for the Republic*, Hardie Grant Books, Melbourne, 1999.

p. 191，“《不情愿隶属王国的殖民地》……”：W. J. Hudson & M. P. Sharp, *Australian Independence: Colony to Reluctant Kingdom,* Melbourne University Press, Melbourne, 1988, p. 138.

p. 193，“在他着手这项事业之前……”：Paul Kelly, *The March of Patriots*, Melbourne University Press, Melbourne, 2009, p. 177.

p. 196，“投反对票的……”：Turnbull, *Fighting for the Republic,* p. 241.

AUSTRALIAN HISTORY IN SEVEN QUESTIONS by JOHN HIRST
Copyright: © 2014 BY JOHN HIRST
This edition arranged with Black Inc., an imprint of Schwartz Media Pty Ltd
Through BIG APPLE AGENCY, INC., LABUAN, MALAYSIA.
Simplified Chinese edition copyright:
2018 Guangxi Normal University Press Group Co., Ltd.
All rights reserved.

著作权合同登记号桂图登字:20 - 2014 - 248 号

图书在版编目(CIP)数据

你一定爱读的极简澳大利亚史/(澳)约翰·赫斯特著;孙菲译. —桂林:广西师范大学出版社, 2018.9(2019.3 重印)
书名原文: Australian History in 7 Questions
ISBN 978 - 7 - 5598 - 1100 - 4

Ⅰ. ①你… Ⅱ. ①约… ②孙… Ⅲ. ①澳大利亚-历史 Ⅳ. ①K611.0

中国版本图书馆 CIP 数据核字(2018)第 191806 号

出 品 人:刘广汉
责任编辑:阴牧云
助理编辑:谭思灏
装帧设计:王鸣豪

广西师范大学出版社出版发行
(广西桂林市五里店路 9 号　　邮政编码:541004
网址:http://www.bbtpress.com)
出版人:张艺兵
全国新华书店经销
销售热线: 021 - 65200318　021 - 31260822 - 898
北京东君印刷有限公司印刷
(北京市大兴区黄村镇三间房工业区　邮政编码: 102600)
开本:850mm × 1 168mm　1/32
印张:6.75　字数:110 千字
2018 年 9 月第 1 版　2019 年 3 月第 2 次印刷
定价:32.00 元

如发现印装质量问题,影响阅读,请与出版社发行部门联系调换。